Marcel Nuss

L'AMOUR TANT ET TANT

FSC
www.fsc.org
MIXTE
Papier issu
de sources
responsables
Paper from
responsible sources
FSC® C105338

RÊVES THYMIAN

HOULGATE

Quel est cet esprit volatile
qui dérape et batifole sans cesse
sur des sautes de pensées

                                               ?

angoissé par les vagues bourrues
d'un pays sans grande affabilité

OUESSANT

Quel est ce phare éteint
que les tempêtes broient
de lame en lame ?
Phare en mal de lumière
perdu dans un océan de nuits
qui halète des larmes usées
par l'écume des illusions.
Phare immobile

LAPINS

Deux lapins dans un jardin
gambadent gaiement

                                      gazon dégarni
                                      gazouillis déconfits

une main

morsure de lapin

enfant ôte moi ce chagrin

soudain
                                    noir et spontané

bondit un chien
sur le râble du lapin

qui s'incline
tête entre les mains

     dans la nuit
     se dessine
     une humble autorité
     portée par les dons d'être
       et d'aimer

ARAIGNÉES

   Araignées dans la nuit
     enfreignent l'ennui
  d'un sommeil trop atone

arc-en-ciel arachnéen
     grouille dans des nébuleuses oppressées
      toile multicolore sur fond de
crépuscule

l'une en guêpière
crisse sur les pages blanches d'un avenir épanoui

     Une femme
      bleue
    se transcende

     transcende
     sa féminité

      émue

pleure
    la joie d'être
sous la lumière limpide de son essence

bise dans la nuit
réconfort étoilé

Araignées du matin
caressent le sein
d'un cœur constellé
d'amour.

SOIR D'ÉTÉ

Un ciel lie-de-vin
mansardait nos cœurs
par la porte ouverte
immigrait une fraîcheur d'août
entre tes mains Pennac
déployait des volutes malicieuses
qui cascadaient de ta gorge réjouie
j'avais mis ma vérité
en veilleuse
pour me garer dans un rêve cathodique

un micocoulier cherche sa vérité
spirituelle et humaine
doctor Livingstone I presume
une vérité sereine et intangible
qui se trame au rythme des saisons
du cœur

le rêve défilait
chaotique et indifférent
maussade même
et ton rire imperturbable
perlait

sur
ma vérité qui m'attendait
silencieuse et patiente

dans un lit drapé de tendresse

un châtaigner déplisse ses ailes

                                pour enlacer l'amour

qui pose ses lèvres
sur ses fruits   voluptueux   et   incantatoires

            un ciel engourdi
            assoupit la conscience.

~~~~~~~~~~~

                                A C. G. Jung

Les mutités du mutant
mâtinent le silence
de fragrances muettes

muter le temps et les gestes
qui s'éternisent en écume agreste
sur un corps démuni

il plonge dans sa Nekyia
y déloger le ténia angoissé
dans un combat incessant et funeste

métamorphoser la vérité brute
en vallée de Vilcabamba
pour se découvrir Nirdvandva

au Soleil du numineux
porté par une comète halée
il trouvera la Porte d'Or

Mère de Lumière
éclaire la porte du sarcophage
qui obstrue la voie mutée

et le mutant mué
s'élèvera au-dessus des Nues
dans une Paix incarnée
~~~~~~~~~~~

RÉMINISCENCES

Une pluie drue
flagelle les feuilles
sous des bourdonnements indécis
qui grondent des nues
auréolés de lumière translucide
des nuages bouffis et sombres étincellent
d'une lueur grisée
qui éblouit les yeux

Ancré sur ses pattes
un
Faucheur
ondule
une extase
immobile

Et ta grâce ondine
    qui glisse sur mon regard
drape une beauté
    éternellement éphémère
en esquissant avec fluide
    une volupté sensuelle
dont s'enivrent mes vers

fondre ma Voix
en ta gorge déployée
la couler en ta plénitude
à l'unisson de nos silences lacés
joindre nos échos
à l'orée d'une saveur intime
jouir de l'instant libéré de la raison
celle qui camisole l'amour en fugue d'horizon
et t'aimer
à jamais

l'été s'effiloche
ma Voix m'interroge
cortège de rires et de larmes
que mon âme apostrophe
dans un élan de lumière

CAUCHEMAR

Je me débats dans la nasse de mes angoisses
l'eau m'inonde
et drosse mes jours sur l'écueil de mes nuits
cloaque insane que la peur cloque de pensées blêmes
chargées d'une oppression morbide

la mort s'immisce
                poisse
                        englue
                            ricane
entre les persiennes de l'esprit

Le silence suinte une odeur de linceul

L'Etre se délite
                        déliquescence intime

        résurgence ultime ?
Ne pas disparaître

Mon corps est un cri
ma Voix un appel aux saisons du cœur
mon esprit un balbutiement en mal de sérénité

savourer ton bouquet de couleurs
suaves et tendres
gorgées du lait de nos connivences
douces espérances portées à mes lèvres
par tes mains de lumière
        la chaleur de ton amour

et retrouver
un peu
du sens de la vie

ce sens qui m'échappe
dans l'amnésie du temps Eternel
à l'heure où la nasse se resserre
sur des ténèbres sans lendemain
ou

un Infini
Chant
de Vie
et
d'Amour

TENSIONS

Le miel de l'esprit se glisse dans la Vérité de l'être et l'entraîne
vers la porte de l'Amour
Le sens de la Vérité est dans la Sagesse

Jéhovah tend à Abraham le désir
de s'immoler
sur l'autel d'une peur incomprise
l'esprit n'est pas la chair
il s'élève au-dessus des contingences
chtoniennes
dans un envol de lumière et
de Joie

Où es-tu
mon émotion pure
mon bonheur incarné
nos chemins s'espèrent
se croisent se lient
s'interrogent

les mots s'égarent

les pensées s'affolent
le corps s'étouffe
le temps s'embourbe
en un appel étriqué

Le miel de l'esprit se glisse dans la Vérité de l'être et l'entraîne
vers la porte de l'Amour
Le sens de la Vérité est dans la Sagesse

et ce silence qui tarde...

AÏON

Aïon
ouvrir la Porte du Ciel
où est le point vernal de l'Amour
la pleine lune de nos âmes

Je cherche l'Infini
dans le sillage indécis de nos jours
dans l'écho sensible de ta voix

Je cherche une vérité
fragile et tangible
la mienne la nôtre
dans l'embrasure éphémère
de nos verbes Chairs

Aïon
au seuil de l'Être
au commencement d'un Regard nouveau
alors que les Poissons lentement s'enfoncent
dans les abysses de la Mémoire

J'aspire à la Lumière
celle qui caresse les étoiles
et embrasse le flux de nos âmes
le Silence intemporel

J'espère le Chant de l'aura
l'Osmose éternelle
une Prière universelle
inspiréees par l'Amour

Aïon
transporte-moi
embrase mon esprit
d'une Vraie sérénité

ÉTREINTE

L'homme s'avance
dévêt feuille à feuille
l'aioll voilé
     se tend sur ce corps dénudé
     de femme opalescente
     l'épouse l'étreint l'inspire

     entre le Soleil Levant

     caméra au poing

               deux nippons se couchent
               sur le lit voisin
               leur œil indiscret vacille sur
le bord

               et choit

       se révèle un enfant
       qui émiette sa souffrance
       au-dessus d'une nappe blanche
          maux d'amour ?

     la femme se lève
     rejoint l'amour uni
        l'âme sœur
     et d'un même cœur

pieds dans la neige
ils secouent ces maux juvéniles
libèrent l'enfant

L'homme avance
et dévêt le désir...

PHANTASMES

Et le verbe tendu
et l'image retranchée
s'affrontent

en tout amour il est un désert
un espace aride
que les concessions tempèrent
en attendant l'osmose
d'une sérénité prospère
l'éclosion du jardin
l'oasis de lumière

Je te phantasme

sensuel souffle
surgi de l'absence séditieuse
sublime sylphide caresse des sens
qui voltige sur une intime séduction

Être le sarment de sa vigne

en effleurant l'anatomie du temps
pour que naisse la catharsis de l'être
déployée sur un lingam pétulant
loin du regard phallique
où une ombre néfaste
étend ses croassements
dans une virulence aphonique

et la Voix élaguée
et le Regard épanoui
s'élancent

RÊVES BLESSÉS

Quand

le ciel s'ouvrira-t-il ? Déchirant les nues qui obstruent nos âmes ; ces nues sombres qui hantent nos nuits de pénombres velléitaires surgies comme un cri, comme une plainte lancinante, de nos egos meurtris.

Quand

partirons-nous à tire-d'ailes loin de nos rêves blessés ? Dénudés jusqu'à l'âme, jusqu'au tréfond de nos cœurs dépouillés. N'emportant que nos voix pour chevaucher l'horizon infini.

Quand

ton jardin fleurira-t-il au soleil de mes baisers ? A l'heure où nos lèvres, au fronton de l'amour, croisent leur vérité dans une saveur splendide ? A l'instant où nos cœurs confondent leur lumière ?

J'ai l'esprit moite, les mots en sang.

Quand

le bonheur sera-t-il naturel ? Le regard épuré par le don de nos cœurs ? Et nos chairs vibrantes de leur humble précarité ?

Quand

vivrons-nous ? L'aurore vacille encore au sortir du crépuscule, lancinante angoisse qui frémit en point-virgule sur la frondaison brumeuse d'un matin pubère, d'une promesse solaire. La carte du Tendre s'interroge sur la fragilité humaine : harmonie où te niches-tu ? Le désespoir geint, en vain.

Quand

est-on adulte ? Libéré de son tumulte *de profundis* ? Soulagé d'un rêve caduc et pétrifiant ? Loin du feu et de la foudre qui engendre l'amertume de jours inconsolables, de mots inconciliables ?

J'ai le cœur entre parenthèses, l'âme rabougrie.

Quand ?

La Lumière en moi !

SENS ONIRIQUES

Amants
        Amour
amont
              aval
dans un lit charnu
deux corps s'avalent s'avancent
                         s'avalisent
sur des rives dénudées
          Khajuraho

trousser la jupe
         bleu blanc
               rouge extase
vulve en amont
      verge en aval   tendre cavale
une ribambelle de doigts fourragent dans la végétation
     tessiture sensuelle
        khajuraho

elle   et
          lui
calligraphie charnelle
écriture des sens
l'amont   happe
        l'aval
troussant le temps
        à deux
dans la saveur drue d'une volubile connivence
        Khajuraho

la nymphe   et
       Chiron
      vont d'amble
          au cœur de leur désir
les seins tremblent entre ses lèvres qui soupirent
            l'érection les porte
      les transporte
     sur une vague de délices

deux êtres se régalent   deux âmes
s'unissent

                    Khajuraho peint
              les prémices de l'Eternité

Et le jour point dans une cacophonie de piafs exaltés

ACROSTICHE

Volumes
Irisés
Byzance
Révérence
À l'aurore de nos latitudes écorcées
Tinte
Irrésistible l'
Osmose que
Nouent nos
Silences dénudés

Ilots
Numineux
Transportés
Infiniment vers la
Multitude de l'
Essence
Solaire.

REFRAIN

Comme
Hirondelle
Au
Nombre
Solaire
Ouvrir le
Néant !

QUÊTE NOCTURNE

À Verlaine

Une femme étrange et pénétrante
tresse la vie
le sourire entre parenthèses

      la mort happe la vie
            pour s'en griser
      mais la vie aspire à la vie
             pour s'y fondre

                Seuls les rêves ne
mentent pas

Une humanité éphémère
promène sa grâce sa beauté incarnée
entre Ciel et Terre

      un corps dessine les contours de l'extase
          sa chair évanescente caresse le silence
      la lumière de ses seins pétillent au firmament de sa
vérité
          et sa fleur parfume le jardin des délices
d'hydromel
             lacté

                Seuls les rêves ne
mentent pas

Un homme est soulagé de sa pesanteur
il se meut et s'émeut
tantôt soi tantôt un autre

      espace et rationnel
          sont abolis
      conformisme et culpabilité

20

sont abrogés

La vérité de l'Etre

émerge la nuit

à l'heure où l'ego

s'est endormi

Quel est ce rêve qui me vit
constellant mes jours comme une étoile au firmament
femme étrange et pénétrante
Rêve familier surgi d'alexandrins éblouis

ENFANCE

À mes parents,

Combien de fois, au bord du précipice, ne m'as-tu tendu la main ? Ma chair d'aubépine, mon cœur de camélia, tu as bercé mes peines, apaisé mes maux. ; croyant à l'éternité de mes jours, toi mon rire complice des heures de solitude et des oppressantes bourrasques de la déperdition...
Et toi, à la poigne autoritaire et au cœur si sensible ; tu ne disais rien, ou si peu, ligoté par une pudeur douloureuse, une souffrance laconique ; mais tes yeux désemparés parlaient pour toi de la douleur de l'impuissance, alors que tes regards taquins excitaient nos feux d'enfance.

À cette époque-là.

De ma singulière diligence, je contemplais le temps et apprivoisais l'horizon de mes rêves sans frein.

Je me souviens...
Entre le foin et le charbon j'ai tissé le bonheur, emmitouflé dans un écrin d'affection.
Sur le bord de la route ampoulée, je respirais les passants, écoutant inlassablement chacun de leurs mouvements et leurs moindres mimiques.

Dans la rue, encore désaffectée, j'ai appris la vie en
réverbérant le silence d'un regard gourmand d'amour et de
vie dentelés de joies malicieuses.
Et dans la cuisine endimanchée, après le déjeuner, vous
dansiez, amoureusement enlacés, au son tonitruant d'une
radio, virevoltant entre évier et buffet. Sous mon regard
transporté et tendrement troublé par vos échanges de baisers.

Un certain bonheur a toujours accompagné mes saisons.
L'idéal n'est qu'illusion ; la Lumière est partout…

Aujourd'hui.
De mes pensées coulent des arpèges bleus.
L'amour nourrit mes mots.

~~~~~~~~~~

<div align="right">À Élodie et Mathieu.</div>

Deux enfants couraient
tels des cabris échevelés
sur la crête dénudée de l'horizon
libres et curieux
goûtant aux sensations de l'infini
aux vertiges de la pesanteur
tout en s'enivrant d'eau

<div align="right">cueillie à une gourde</div>

d'un lièvre rase-motte
d'une souris écrasée
ils jouaient avec les échos
de deux enfants caressés par le vent.

~~~~~~~~~~

La nature est en rut
pas un caillou pas un brin d'herbe
qui ne soient éclaboussés
d'ocre-jaune semence
Extase chlorophylle
le pollen virevolte

22

s'immisce et irrite
des regards couleur d'azur
qui larmoient
devant tant d'amour
semé au vent

~~~~~~~~~~

Les trilles redondants
d'une hirondelle en mal de printemps
fusaient avec emphase
dans une grisaille suintante
bondissaient avec passion
vers une colombe fatiguée
Sur son rameau dubitatif
tant d'espérances volages
tant de voyages déçus
mais au loin sur l'horizon
le Soleil Suprême
se levait
sur l'Amour
d'une hirondelle réjouie et d'une colombe lumineuse.

OUTRE-MER

Il est des soirs couleurs d'azur des matins étoilés où les regards se conjuguent, les pétales s'envolent et les calices s'enlacent.
Confidences intimes. Langage d'écoute.
Sur l'horizon d'hyménées radieux s'effeuillent la voûte d'un silence aquatique.
Flirt d'ombres et de lumières qui se meuvent sur la plaine dépouillée de nos échos offerts et égrènent des joies profondes enfantées par d'exquises étreintes.
Sur une frange ésotérique, se profilent des fusions que dessinent nos fréquences portées par des ondes de plénitudes apprivoisées. Fascinante mangrove. Alluviale allégorie.
~~~~~~~~~~

Il est des océans infinis, des mémoires exotiques qui recèlent des songes et des parfums de Cantique des cantiques que caresse l'Aimé.

Allons au jardin cueillir les fruits mûris de nos semences semées aux saisons arides, aux jours intempestifs.
Sous un palétuvier rose s'élancent deux âmes luxuriantes.

RÉ-VISION

À Christian, ma "muse"

Lumière
alternative
l'amour est un jeu
de lumières qui se fondent

Dommage que ma main ne puisse caresser tes yeux

Éteint la souffrance
nous vibrons à deux
dans le lit de la vie
allume le silence
nous contemplons à deux
la voie de l'Éternité

PRÉ-VISION

Au poète de l'amour...

Être Homme
dans le regard d'une femme

De la Femme

Douce flamme vive
aux éclats de saphir
caresse d'amour pur

qui engendre la vie
au fil des jours
et extasie mon cœur
à la faveur d'un mot   d'un baiser   d'un
silence

                    ou de son être qui danse
                    L'AMOUR

               Être Homme
          dans le cœur d'un homme

               Terre d'asile
            au miroir étincelant
          où s'inscrit ma tendresse
comme un humble
élan d'humanité
partagée au gré de
pensées qui affleurent   du cœur   et   de
l'esprit
               en écho aux sourires
                 de l'Homme
               qui dit si bien
                 L'AMOUR

             Bleu à l'être

          malaise volubile
        dissonant conciliabule
     les mots se bousculent s'égarent en vain
   le ventre se contracte retenant la vie suspendue
     un esprit trébuche et désespère de soi

               spleen
            de maturité

   au fond du cœur une petite lumière tintinnabule
          l'âme égrène le bonheur.
                 tant
                espéré

Vitrail
cantate lumineuse
symphonie de l'âme
poème de l'Infini
sous les voûtes baroques ou gothiques
résonnent des sons diatoniques
qui scintillent dans un silence
recueilli

nous sommes des vitraux désarticulés
des bris de verre éparpillés
qui cherchent leur unité entre les lignes fluides des nervures
d'or

Être Homme
aux confins de son être
dans l'éclat de sa présence
par la musique de son aura
porté par l'onde chatoyante d'un temps
où tout homme serait un vitrail aux résonances
simples et pures
un chant de cristal.

STRIP-TEASE

Un à un tombent
les florilèges de l'amour
tissus d'extases et de contradictions
de silences et de tourments
qu'emportent le regard neutre du temps
tandis qu'ils glissent
sauvages ou épris
entre nos palpitations

Élans caressants
de nos cœurs qui se donnent
sur le lit froissé de nos désirs
et de nos illusions ultimes
l'âme dévêtue

l'amour est nu
pur de toutes réminiscences
dissoutes par une harmonie complice

J'aime le verbe qui coule de tes lèvres humides
d'aimer
la vie
pour éclairer ma détresse

ABBA CHANTAIT "SOS"

Un filet de nuages surplombait les Vosges
nimbées d'une lumière couchante
irisée de rose sanguin

la nuit s'apprêtait à encercler ma peur
dans ses rets sombres et sarcastiques

Que m'interpelle l'espoir
si tu ne m'aimais
je crèverais
d'angoisse apnéique

Abba chantait

Alentour la vie se dilate
et mon être se contracte
confiné en son désarroi

se désespérant de mal être

la nuit s'apprêtait à encercler ma peine
une Voix s'est glissée en moi
apaisante
Divine Compassion
me portant au seuil de la Paix

aussitôt
mon âme a souri à la vie renaissante

mon cœur s'est rouvert à l'espérance
emplissant mes entrailles oppressées de Silence

Un filet de nuages surplombait les Vosges
nimbées d'un bleu spirituel
irisé de rose sanguin

Plus tard tu as glissé ta main dans la mienne
caressant avec tendresse la vie

et l'amour a chanté

POÉSIES

Gent frivole
que faites-vous de vos poètes
au seuil de vos écoles ?

Lire entre les mots
savourer le calme
écouter la vie
qui résonnent dans chaque vers
comme un appel à l'absolu ou un aveu d'impuissance
à effleurer la vérité...

Des vers qui s'enjambent, s'embrassent ou s'ignorent, se contractent ou s'étirent, s'interpellent ou s'interrogent pour engendrer des échos de soi, sagaces ou désespérés, mutins ou enivrés, passionnés ou implorants, qu'une plume inspirée livre pour trouver son âme dans le champ de sa Vérité.
Mais l'essentiel, l'harmonique, se glisse dans l'espace entre les mots, dans la pudeur de l'éphémère, l'humilité du non-dit ; cet espace où le poète s'immisce et se perd ; espace de l'inconscient qui révèle l'insondé de celui qui se cherche au fil de son Verbe.
Se trouve-t-il pour autant ?
Poème : miroir rétréci de l'être en mouvement où chacun peut appréhender un peu de soi ou de l'autre ; envolées d'amour,

litanies de maux, ballades bucoliques et lagons spirituels qui s'expriment en entrelacs fluides ou heurtés.

Est-ce la sémantique du bonheur qu'égrène cette plume ludique qui joue avec les mots en dentelle ? Ode, sonnet, alexandrin, élégie ou calligramme, éternels oasis d'esprits contemplatifs gorgés d'amours heureuses ou meurtries qui s'acrostichent au temps suspendu pour embraser l'horizon indéchiffrable d'une vie en libre devenir.

Gent éplorée
dans le sillage des symboles oubliés
se perd l'essence de l'être.

Écoutez la musique des sens
celle qui pulse les sentiments absolus
la beauté infinie et la souffrance des mots
un poète ne meurt que d'amour
son cœur n'est pas en exergue
il l'interroge...

PAROLES

Irruption
spontanée
du verbe incarné
résonance de chair
au regard de velours

lumière nue
à l'esprit dévêtu

    tel un éclair espiègle
    elle s'est posée
    sur mon étonnement tendu

           subjugué même

    femmes je suis l'écho de vos entrailles
    la moisson de vos semailles
    mûris aux saisons de la tendresse

Femme je suis né de ton Amour
dans l'azur tumultueux de tes yeux
l'ombre mélancolique de tes cheveux
sans toit
je serais mort de ne pouvoir aimer

t'aimer

les vagues veloutées
de la Baltique tombent
dans un élan de volupté
flot de lumière dans la grisaille
d'un matin émondé

nudité pure

sensuelle plénitude

qu'inspire la foison des corps
qu'emportent la calligraphie
de tes mains au souffle doux
et léger

Amour imprévisible
étoile
irrésistible certitude

OVERDOSE

Un poète s'interroge
et si tous ces vers n'étaient
qu'enfilades de mots
enluminures verbales
cortège sentimental

alors se dit-il
je serais dérisoire
pathétique et futile

Si ?...

DE LA RÉALITÉ AU RÊVE

Seul l'éveil est lesté d'a priori

                                  regard transi et

craintif

                   posé sur la vie
                comme

                             un cri

                                   de douleurs

          intimes

                           un cri

                              d'amour

éconduit
Seul le silence est fécond de Lumière
                       "Enfant Lumière porte la au

firmament de son

             Zénith

                  Elle est"
        m'inspire
              une Céleste Voix

                           emplie

                                  de la

vérité de mon Être

                           vidé

                              d'une

apparence vaine

                        qui s'effiloche

devant
        la Transparence

                  du Temps.

FAN-TASME

Elle porte un verger en fleur
sur le galbe fuselé de ses jambes ;
il glisse et se plisse sur une pampa de cuisses puis s'affaisse
déchu, mettant à nu deux fesses joufflues. Numineuse beauté
que le Ciel a caressée.

      Corps dénudé qui dévide
      ses pas vers mon émoi,
pâle pureté qui se pose sur moi. Je rêve de mains. Les miennes
sont en friche, figées dans un silence de chair et d'os brimés,
frustrés ! Numineuse grâce que mon cœur a espérée.

      Et tes seins inaccessibles
      à mes paumes engourdies,
et ton sexe nidé loin de mes doigts prostrés, interpellent une
vie absente à la vie. J'invoque ta chair, le chant de ta peau, la
mélodie de tes lèvres. Numineuse vérité que le Ciel a déposée
sur ma rive.

      Vagues sensuelles
      où voyagent mes songes immatures ;
entre tes bras, nymphe singulière, l'impossible espérance
s'accommode d'une âpre vérité ; une langue chemine et,
chemin faisant, butine des butins exquis sous ses papilles
diésées qu'un tétin attise en tintant des soupirs épris, alors que
sur ta plage le coquillage écume des perles d'amour que mes
lèvres hument avec volupté. Numineuse éternité que mon âme
a rêvée.

Le désir se saoule à ta sève,
en ton jardin étincelle la vie
qui m'a omise à l'automne de mes premiers pas. Dans ton
regard de soie se tisse mon être, celui que j'ai négligé, je crois,
par peur de disparaître et d'être sans toit, ma numineuse étoile.

FRÈRE DE SANG

À Christian et... à Barbara

Homme de lumière
humble et vrai
par-delà la frontière
tu m'as tendu la main

entre nous
coule un fleuve de silence

fertile

écoute les échos de ton cœur
la vérité est en toi
qui attend l'instant
où se dilueront les doutes
qui freinent la vie
et entravent l'être

écoute les échos de la Femme-Désir
la vérité est en elle
dans sa grâce silencieuse
dans sa chair qui s'émeut à une vie
où sanglote l'absence
des jours de sombre espoir

Homme lumière
abrase l'ombre
l'amour danse au fond de tes yeux
éclairés par un sourire délicieux

entre nous
s'écoule le limon d'un silence

volubile.

REGARD

Lorsque tu flanches
que
      tout   en
         toi
              se
 disloque
     semble aller à vau-l'eau
lorsque perclus de vie incomprise
ou
               oppressé
d'amour déprécié
        regardes
une fleur   une abeille ou le ciel
ils te diront les labeurs d'une vie en trompe-l'œil
ils te chuchoteront
        les cycles de la vie en devenir
les sueurs du bonheur
        les rythmes de l'amour qui se
cherche
ils te révéleront
        que derrière une ondée cafardeuse le
soleil veille
et que toute désespérance
          draine l'aurore de l'être
celui que tu doutes tant de porter en toi
et qui attend
      que tu t'éveilles
         pour regarder
le sourire qui t'appelle
        du clair de ton âme

FUTILE ?

Et si je passais à côté de ma vie
l'angoisse m'étreint
le doute m'envahit
et si je passais à côté de moi-même
Dieu qu'ils seraient fades mes poèmes
Dieu que mes mots seraient vains

AMOK

L'homme

parle
à la tombe

monologue

d'amour
enlisé dans le temps

il soliloque la vie

engloutie
un soir à Furiani
ressassant un chagrin indélébile

devant la tombe muette
la mort pleurait la vie

le néant oppressait le
désarroi

Homme-peine
rends la chair de ta chair
au Pays des

Ancêtres
il te faut tuer la mort
pour vivre avec elle

alors elle brillera

au firmament de l'amour
comme un souvenir délicat

une tendre réminiscence de toi-même

                        et tu ressusciteras
du passé
                        pour renaître
à l'à venir.

PAIX

Quelle est cette forteresse
qui s'ouvre avec parcimonie
                                    au soleil de la vie
            ressassant sans cesse
                    les échos
de batailles perdues
de sièges souffreteux
                            sa douve rumine
                            des rêves d'ondine

déchirée
        qui erre sans fin entre les créneaux impassibles

du temps
?
Quelle est cette forteresse intime
        réfugiée
derrière sa muraille de Chine
                                vindicative et
oppressante
que le silence
                de la mémoire
                a meurtrie
?
Entre ses murs

                        son cœur

        pleure sa peine
à ses pieds
                        un fossé glauque

transpire

le désir
d'être
et
de jouir
de la vie
dans la paix
du cœur et de l'esprit

loin de souvenirs
ennemies

dans les bras
de l'amour
compris

AMOUR

À ma rêveuse patentée

Femme
quel est ce souhait
de baiser passionnel
de fusion intime
qui frise ton rêve ?

Cet homme
allongé sur les dunes
de ton corps
méditant l'amour
avant de poser
ses lèvres sur les tiennes

Cet homme
dont l'âme est le reflet de toi-même
t'embrasse
de sa lumière
et t'aime

ABSENCE

Comme un ver nu
    de travers
j'arpente mon désespoir
      dans une errance amère
   je ressasse sans fin
       un regard perdu
qui m'avait oublié en chemin
    faute de mots pour se dire
        pour me consoler
        ou me consumer
mots d'amour

       enfouis dans les silences
pudiques du passé
je déambule en quête d'apaisement
dans votre sillage refoulé
lourde absence du verbe incarnant
   oppression inconsciente d'un non-dit déchirant
     que la peur a réprimé
    pour ne pas crever
       dans l'oubli

Après les tentacules acidulés des jours avares de lumière
monte voluptueusement tel un
origami joyeux
un cantique d'humble plénitude d'où
résonne l'Amour

entendre la
nostalgie du devenir

femme
lorsque tu
encenses l'éternité de toute essence
une volée d'arpèges sylvestres
ressuscite le Bonheur de la Vie.

UN BLEU AU CŒUR

Je regarde au dehors la froidure qui vocifère...
Désespoir, désillusion.
Inhumaines conditions ; pour d'humaines âmes blotties sous de replètes portes cochères, au pied d'appartements vides ; vides de vie, sans cœurs qui battent ; des appartements indifférents aux passants qui passent et aux désespérances qui espèrent... un peu de chaleur.
Mais qui a encore la force de désespérer lorsqu'il s'endort, transi d'amour et d'avenir, saoul d'alcool et de fatigue ? Attendant que la froidure insensible le saisisse par le col ou les pieds pour l'emmener tendrement au Paradis ou dans le silence du Néant.
Vers la Chaleur Éternelle d'un Espoir Infini où l'Amour est donné sans compter, à moins que ce ne soit dans la solitude cadavérique d'un cimetière indifférent... Selon sa foi.
Désespoirs, désillusions, sur la place la soupe fume, la misère se réchauffe... Dans la solitude des regards muets s'égrène une indicible souffrance.
Et moi.
À quoi sert une plume ? Que pansent des mots ? Il est si facile d'écrire dans la douillette paix d'une maison loin des remugles de la détresse qui interpelle. Qu'il semble vain, dérisoire, face aux estomacs collabés, aux regards éteints et accusateurs, d'être poète.
Agir.
Je sens en moi la froidure qui vocifère...

DIVAGATION

À Peter Gabriel

La vie me bouge
        cantique nocturne
        amour polyphonique

à peine les frissons de *Mercy street* se sont-ils estompés que monte la poésie sentimentale de *Blud of Eden*

prégnante lassitude philosophique
        qu'engendre un esprit dithyrambique qui
        vague dans les scintillements apaisants d'un carillon
des anges

L'amour m'invective
        randonnée initiatique
        prière chromatique

les mots se télescopent l'âme se heurte au miroir d'une
souffrance indélébile qui attise la vie-cauchemar

le songe se distend s'égare dans un cri
        de douleur impuissante que la vie n'oxygène plus
        où est la connivence de nos yeux le bonheur qui
chante

Je suis lourd de vie parfois
        si lourd
        de n'être que par toi

                mon rêve d'amour

RÊVE THYMIAN

Combien de fois n'ai-je rêvé devant l'horizon nu de son corps
dévêtu, espéré l'onde purpurine ?
Ève, l'amour est parfois Nagasaki ; irradiant un désespoir
suranné, pomme amère d'un bonheur délétère. D'un Éden qui
se dérobe au seuil du désir comme un karma sans issue, une
complainte affective qui lacère l'esprit d'échos morbides.
Dieu, que je l'aime !
Faire le deuil d'un rêve, d'une utopie nocturne, pour échapper
au cauchemar d'une vie sans fortune. D'une vie sans vie où
l'amour rue dans l'horizon nu d'un corps dévêtu...
Où l'amour dessine des courbes alluviales à l'éclat d'âme,
qu'émeut la mouvante arabesque de ses reins. Jouissance
éphémère qui révèle l'être dans sa fragile vérité.

Dieu, que je l'aime !

Si je ne peux plus la rêver, l'espérer, que le regard sera morne confiné à l'aridité d'un temps aseptisé, à la fade humanité ; dérive spirituelle dépourvue de résurgente lumière.

Femme, étoile du matin, plénitude transcendante, éveille ma quête errante et oppressée d'un amour à la porte de l'Éternité, à l'heure où le thym exprime le cœur.

GAMMES HIVERNALES

L'Astre a modulé sa tessiture.

Un froid fluctuant fige les maisons ; les fleurs se sont emmitouflées sous terre.

Introversion. Du regard, du temps.

Tantôt une interminable quinte de toux céleste balaie les sapins et secoue les branches cachectiques, tantôt il bruine des spleens atoniques, crachins maussades, ou il tombe des sanglots infinis qui détrempent les corps et noient les ultimes velléités de vie.

Solitude fœtale.

Sur les berges, les flots aphones moutonnent des songes insaisissables et engourdissent la monotonie ambiante dans une gangue de mousse transie. Tout est ocre ; il ne neige plus, ou si peu. Même les couleurs des maisons ont perdu de leur allant.

C'est l'hiver...

Contraction temporelle et spatiale.

L'Astre a modulé sa tessiture.

Les jours se promènent entre les rives d'un inconscient aléatoire et d'une conscience absolue ; c'est la saison de l'éveil intérieur ou celle d'une attente morne dans une lassitude rédhibitoire.

Inspiration.

C'est le temps des virtualités ; le miroir de nos latences.

Dans la campagne tout est silence. Un silence né de la froidure ; cette froidure qui comprime, étouffe les sons, excepté les railleries des corbeaux.

Silence profond. Où, seul, résonne l'écho de nos pensées ; les pensées de promeneurs solitaires engoncés dans des rêves

lumineux, à moins que ce ne soit de sombres réminiscences, sous l'aplomb d'un ciel couleur d'Éternité.
Bleu. Polaire, étrange. De tous les espoirs, de tous les doutes, aussi.

Bleu.

PRÉSENCES

réflexions élégiaques
sur l'être et le handicap

"La loi du plus fort est la loi animale et
la loi du plus faible est la loi de l'homme"
Michel Serres

IDÉAL

il est des femmes revêches
– au corps de velours –
qui circonspectent les certitudes

tant et temps
que le désespoir s'enferre

idéalistes amères
mères frustrées
épouses désillusionnées aux sombres augures résignés
                                        ou vindicatifs
                                        gorgées d'un
mordant assassin

                                        nourri d'acerbes
envolées

                                        avant de claquer la
porte

                                        sans rémission sur
l'impudent

            indésirable

            et indigne de

            leur regard blessé
femmes tant espérées
            tant aimées
voire adulées avec une vénération altérée par des
malentendus

            immémoriaux
        perdus dans la nébuleuse des êtres en mal de mémoire

            harmonieuse
et si
perclus d'une animosité ronchonnée
                                remâchée patiemment
même

QU'Y-A-T'IL DE PLUS ABRUPT QU'UNE FEMME
DÉPITÉE

ET SPOLIÉE DE SON
                              IDÉAL
                                    MASCULIN
                                                    ?
un à-pic acculé
                              l'**ABSOLUTISME**
revendiqué

QU'Y-A-T'IL DE PLUS RÉJOUISSANT QU'UNE FEMME
ÉPANOUIE

              ET COMBLÉE PAR SON
                              IDÉAL
                                    ?
              rien !

CONCEPT

il est des hommes égarés
– au regard bien lourd –
qui vivent en aparté d'eux-mêmes dans une apparence
trompeuse

tant étang
que le dépit s'emmêle

extrémistes désenchantés
pères alambiqués
maris dévirilisés   ils espèrent des caresses
                                          comme des chiens en
mal d'amour

                                          de chattes hautaines
                                          qui les dédaignent sans
détour

                                          désabusées qu'elles sont
dès le Rêve

                                        écroulé   par les
vicissitudes monotones
              des jours sans saveur
                                            où ils
s'enlisent indûment
                                    par
inappétence vitale
hommes si vulnérables
            si pleins d'élégances
sinon de douces Beautés qui s'étiolent dans une méprise
originelle

                de méfiance
            enchaînée par la force à une spirale obtuse de
doctrines

                misogynes
toutes
déchaînées et sourdes devant l'amour aliéné et
                                    le désir coupable

QU'Y-A-T'IL DE PLUS APRE QU'UN HOMME
FRUSTRÉ
                                            ET
AIGRI PAR SON
                        CONCEPT
                                FÉMININ
                                            ?
un champ stérile
                    le **VIDE**
effréné

QU'Y-A-T'IL DE PLUS FÉCOND QU'UN HOMME
IRRADIÉ
                                            ET
AMOUREUX DE
SON
                        CONCEPT
                            ?
                rien !

DÉSORDRES

nous sommes tous des mal-aimés
                tous autant que nous sommes
quel que soit le genre   la race ou le métier
la couleur de ses yeux ou celle de sa confession

car on se confesse tous   plus ou moins
                tous autant que nous sommes
au coin d'un oreiller   sur un écran de télé
au premier venu ou
dans le parloir contaminé d'amours incomprises

des incompris nous le sommes tous
                tous autant que nous sommes
à pleurer dans notre coin   désespérément seuls
l'absence   le silence   à bruiner ce qu'on n'a pas eu

                dans une vie en catimini
  trop frileuse pour exister   trop angoissée pour Vivre

car on regrette toujours quelque chose ou quelqu'un
                tous autant que nous sommes
omettant négligemment ce qu'on a ou ce qu'on est   comme
si c'était acquis   ou dû   et qu'on l'oublie   ou l'ignore avec
un fatalisme aigu

et le temps passe sur nous tous
                tous autant que nous sommes
et la chair s'affaisse   se lasse   le regard s'affadit voire
s'aigrit et l'esprit s'égare et se morfond sous un cœur racorni
aux élans éteints

éteints nous le sommes tous de nous sentir mal-aimés et
incompris
                tous autant que nous sommes
ou presque   car il existe des Êtres de Lumière qui traversent
les tempêtes sans regret ni rancœur envers les aspérités du
temps

pleins d'une Sagesse allègre
polie au Feu
du Tout
Amour
éternellement

CONSTAT

ponceuse pinceau tournevis marteau huile de coude
et décolleuse à papier peint

Que savez-vous du désespoir de la solitude impuissante ?

elle s'active fourmille se démène s'épuise s'escrime
seule

L'impuissance ronge et aliène le bonheur en sourdine...

regard bistré harassé fourbu laminé par l'ouvrage
ingrat

Il s'agite et s'impatiente seul dans son coin   oppressé.

tandis que petite chèvre vaillante résolument elle œuvre
pour la beauté du DON

Que pouvez-vous comprendre de la souffrance du
désœuvré ?

incommensurable peine de ne pouvoir se lever
la rejoindre dans un chœur de mains qui se riraient de la
besogne
en s'embrassant à la croisée d'intuitives prévenances

esprit confus de sentiments contradictoires qui tètent l'amour
car sur le radeau médusé il se sent inexistant et bêtement
vain
oubliant le mode d'emploi du handicapé
en mal d'exister

l'esprit souffre de se chercher
      toute vérité est brouillonne et brouillée
      avant de se révéler à la lumière de la
         vie

elle trime pleine d'entrain sereine et vivante portant les
jours à bout d'amour
      Comme un cœur qui bout

pendant qu'il régurgite
      une aboulie affective et
         vitale
à l'aphonie verbale et refoulée

ABSENCE

Confusion de la présence absente
         inabordable
l'amour ne suffit guère pour rire la vie

Souffrance indicible de l'aurore obscure
         insupportable
le rire ne suffit pas pour vivre l'amour

L'humanité est une plaie qui démange
         rongée
par de sporadiques et successives crises d'urticaires morales

Belliqueuses allergies mentales obtuses
         absconses
qui dégénèrent régulièrement en misérables guerres

Amours qui tanguez de par le monde titubant
         balbutié
le temps mûrit et éclaire les plus sombres désespoirs

Et dans le tumulte des pensées divergentes
         abstruses
s'apaise peu à peu la détresse de l'
      ABSENCE

INDÉFINITION

Amour

    petit substrat de tous les instants
    dans le décor des jours avenants
    longue ascension qui n'en finit pas
    parmi les méandres nodaux menant au trépas

Désir

    longue initiation chaotique
    d'un soi-même aux contrées inaudibles
    petite musique aphasique de l'être
    qui cherche dans l'autre une osmose de hêtre

INONDATION

ô suée qui invective la nuit
coulant sans bruit sur la chair assoupie
poisse le sommeil de larmes âpres
et rances qui débordent sur les draps
en d'importunes odeurs denses et
remuglent des insomnies agitées
de pensées écœurées par ces âcres
errances entre les rais argentés
d'une lune au regard fétide
!

ENCOMBREMENT

Et ces **poumons** qui borborygment
couinant une misère humaine intangible
gluances glaiseuses et nacrées
qui obstruent la vie d'insupportables
sécrétions dyspnéiques et oppressées
Inopportune félonie qui encombre le
bonheur d'une invivable précarité

sous un ample soleil rissolant allegretto
il **pleure** des roncus déprimés
Étouffer dans un gargouillis baveux
sous la splendeur indifférente d'une
lumière festive qui crépite dans les
feuilles sans autre recours que de
retrouver le souffle régulier et apaisant
de l'appareil à ventiler une vie trop
aléatoire pour se décliner sans peine

DÉPRESSION

Une grisaille sale
                        lourde et poisseuse
                                        stagnait sur
les contreforts

        hirsutes de la vallée
                                s'accrochant aux
sommets
                                embués par des
haleines
                                opaques et pénétrantes
                qui semblaient effilocher
                        cette masse gélatineuse
                                gorgée de menaces
                                        diluviennes
lacérant
                                des bouts de nues   à coups
        de dents abrasées par la lente
mastication du temps   en
de filandreuses figures
pathétiques et confuses
                Des plaques cachectiques
                        de neiges verglacées
                                par l'âpreté climatique imprégnant
                                les lacets   constellés de
                                                hameaux
arides et austères

                              étreignaient le
regard
                    d'un sentiment de désolation
              prégnante et atavique
                    Le col Sainte-Marie sinuait
        dans la glu tenace
              d'une brume bruineuse
                              au relent obscur...
              Et un rêve de cèdre
              surgit du néant

ANTICYCLONE

Le soleil ruisselait sur les étendues aqueuses
sous sa chape bruissait une fraîcheur d'aquilon
et les bourgeons stançaient des regards édulcorés
par les rigueurs casanières d'un hiver
dissout au foyer du temps

Les violettes et les primevères   sous cette lumière
de jonquille   resplendissaient délicates par les talus et
les prés   ombiliquées dans un vert encore tout engourdi
elles s'alanguissaient à la chaleur primale
en pensant à l'été

Des frondaisons cancanières lapaient une onde
indolente   qui réverbérait les effluves printaniers
en frétillant   de leur duvet feuillu   sous une brise lascive
et fugace   avec des miroitements allègres
d'émeraude tendre

Des ramures glabres s'étiraient sur l'azur charnu
dans un enchevêtrement de branches desquamées
et ankylosées qui griffaient la nature d'esquisses mues
par les ondoiements chaloupés d'iris
nourris de sérénité

Nos cœurs papotaient en méditant
la vie sans apprêt

AUBE

rien n'est acquis

                                    surtout pas l'amour
les aménorrhées du cœur

                                  sont imputables
aux absences d'échos   aux trop
pleins de silence

                            à qui à quoi
la faute
de tant d'incompréhensions   de tâtonnements
d'incomplétudes

                            appréhender la vie
n'est pas une simple habitude   c'est une certitude
épurée

                            mais qui est certain
de qui ou de quoi que   ce soit
                  les aimants se guettent   les
amants doutent
et l'humanité   quête
                    surtout l'amour

COMME

comme ces couples figés

                            dans l'amertume et
la frustration

                    qui vivent sans se vivre
                    regardent sans se voir
de n'avoir pas connu la vérité de leur amour
                      la profondeur de leur
regard
ne respirant que leur désespoir avec des soubresauts
vindicatifs ou désabusés
le cœur meurtri   l'esprit chagrin   le désir
éteint

comme ces vieux diaphanes
perclus de dépits
     de silences et de cris

       glauques et chenus
qui se ronchonnent
                  l'œil acerbe et le corps
transi
en fixant l'horizon nu pour y découvrir un peu de soleil en
un passé âpre et révolu
où la vie s'est enlisé   l'amour effrité   le bonheur
déteint

comme des tonnes d'atomes
                enfouies dans les

profondeurs de l'oubli
                qui déjectent leurs

fumigations
                aux rancœurs

sclérosées   dans l'antre de
                la nuit des cœurs
                aphones
de flore   d'amour   de tendresse
     d'infini

comme des regrets
             de n'avoir pas vécu
rien compris tout perdu
         TOUT
si ce n'est une question dilatée
              par la souffrance
       la vie n'est-elle qu'une
méprise
        ?

POÉSIE

Tous ces poèmes sans âme
cette rhétorique amphigourique ou abstruse
qui ne s'articule que sur des mots

                            sans rime ni saison
des maux qui appellent des mots comme l'enfant réclame le
sein
pépinière logorrhéique
germée dans la floraison d'esprits allègres ou tourmentés
                                 qui se grisent ou se
noient dans les ondes
prégnantes du verbe

                Ne suis-je qu'un
                   POÈTE
                    ?

ALAMBIC

toutes ces larmes déshydratées
qui bourdonnent sans espoir

chaque jour est vain
lorsque le désir est las

l'amour rhizome des silences camphrés
de désarrois désarticulés et lourds

les lèvres lippent une amertume ronce
quand le bonheur fronce sa pérennité

et sous les combles vermoulus
l'œil se désenchante

dans les chausse-trappes fragiles

d'un enthousiasme évaporé

sous les érosions du temps
suspendu à l'essence stochastique

des Hommes dépenaillés par les mirages
assoiffés d'alcool du cœur

se meurent
lentement

!

NAUFRAGE

ils se désespéraient dans les rets d'un amour inabouti
qu'érodait le marasme ahanant d'esprits déconfits
        thrombose mentale dans un dédale d'ombres
        obsédantes qui ruminent sur les grèves
        arides de tant de décombres aphasiques

la raison haletait dans la gangue d'une dérive éplorée
par l'écume endémique d'une douleur ostensible
        refoulements abyssaux dans les vertiges
        de bonheurs efflanqués par une anorexie
        de l'âme aux prises avec des remugles
écorchés

l'ivraie de l'inconscient étouffe la vérité de l'amour vrai
dans des spasmes existentiels qui étriquent l'essentiel
        déboires sentimentaux de vieux aimants
        maladroitement amoureux que le temps a
        égarés dans les catacombes de la précarité

l'éphémère passion s'en était allée emportant avec elle
une virulente réminiscence de regrets désabusés
        rien n'est pire que des amours posthumes
        quand la tendresse s'effrite dans le naufrage
        sans gloriole ni vie d'un amour inabouti

idéal conceptualisé
concept idéalisé

l'amour est une
équation que peu résolvent car
l'addition des deux est égale à la négation de chacun
                    l'un par l'autre
dans le cercle vicié des sentiments contrariés et sourds
blessures velléitaires qui dégénèrent en rancœurs
acrimonieuses

le bonheur est un
chemin de croix fataliste où
la multiplication des désirs frustrés entraîne la division des
cœurs
                    l'un contre l'autre
dans le feu croisé des amphigouris amoureux
meurtrissures exténuées d'affects impubères qui suent sans
faim

PRIÈRE D'INSÉRER

    naître femme
                    mais devenir homme

                                reflet indécis qui chancelle
dans les dédales
        d'une vie au corps fruste et friable   en quête d'une
image réconciliée
        cette image
        que seul renvoie le miroir de l'aimée
        il n'est que l'amour pour introniser profondément
l'homme
                                dans sa vérité
        au sexe fragile qui ne peut tricher

ce phallus éphémère et aléatoire
qui s'érige d'amour   voire de désespoir ou de haine
pour s'exprimer
en de longs traits incantatoires ou à coups de boutoir
hystériques
dans le réceptacle écumant   ou meurtri   de l'éternité
immanente

l'homme est une virgule qui cherche sa finalité

un frêle géniteur à l'image incertaine
un narcisse troublé par sa précarité

il suffit que l'aimée se casse et... le miroir se brise
en doutes dépités   vindictes délétères et désorientées
qui s'égarent dans une détresse sans fond ni domicile
fixe
dépression morbide d'une
humanité déchue
loin de son irrémissible dulcinée

et la fringale
évidée s'effondre
en guenilles   dans une sébile affective où végète des
désillusions

obsédantes

l'homme est un balbutiement en mal de bouture

un greffon désappointé aux rivages
érémitiques
qui   du tréfonds de lui-même   rêve
d'être enté
au regard intangible
d'un bonheur isobare
lui ouvrant son cœur autant que son corps sans
crainte d'être

spolié de sa

vérité enceinte

de vie

                prêt à le désirer enfin   loin des malentendus
oppressifs
                pour vivre un amour opulent dans le lit des
jours fertiles
                où il s'offrirait sans ses fards obsolètes à
l'âme
                régénérée de la dyade affranchie par sa
synergie dénudée
                        au feu d'un absolu étreint
                          avec sérénité

ARIDITÉ

des serres pétrifiées qui ne serrent plus rien
                              que le vide
doigts recroquevillés sur l'absence qui ne caressent
                          que le silence
              morbide
          d'un corps minéralisé
        par l'indigence de l'espace
          atrophié
pourquoi
      carcasse brisée par les aléas d'une destinée difforme
amarrée à l'ingratitude des jours invariablement identiques
de
        l'alitement et
          suspendue
aux mains qui la sustentent

à cette présence amoureuse
     que les années harassantes et obscurcies par la
pesanteur

de méprises irrespirables ont insensiblement asphyxiées
éteignant

                                                le

feu d'un cœur
                            étranglé
au nœud d'une différence
                                        trop

aride à vivre sereinement
pourquoi
        je ne veux pas mourir sans avoir connu l'amour entre
mes mains
            réconciliées par la vie
                                sans avoir étreint   à

bras-le-cœur   son
regard
            plein d'ailleurs déliés
                        je veux vivre
                        l'âme sereine
                au moins l'espace d'un sourire éclos
                    sur mes lèvres crispées
                    par des douleurs incomprises
                    accumulées au bord du chemin

pourquoi
mais ces mains et ce corps qui...
                                se brident
                            et se désespèrent
                d'espoirs

déçus

PANNE DE VERTUS

le courage s'est dissout dans trop de prudence accumulée
sous une illusion de tempérance qu'un découragement de
justice ne pouvait
                        justifier

n'ai-je jamais vécu autrement qu'en aparté... de moi-même ?

intolérable désespérance qui désespère l'humilité, la compassion
n'a jamais rendu heureux les affligés, juste soulagé leurs sombres

oppressions

impression soleil levant à l'ombre du temps !

la douceur des amants, amoureux et épurés, caresse la mélancolie des regards en quête d'un absolu à la pureté transpersonnelle et

généreuse

que vaut la vie sans amour ?

et l'amour sans vie ne vaut guère que le poids d'une respiration
saccadée, noyée dans le puits de vertus sans saveur, anémiées au

fil des maux

comment vivre sans la douceur de l'aimé ?

aujourd'hui je sais que l'amour est tout ; le reste n'est que paroles, libidos désabusées et sentiments détournés ; le reste n'est que vide

abyssal

la sagesse naît de l'Humanité tolérante !

aimes-toi et la vie t'aimera
dans la
LUMIÈRE

Quand serons-nous androgyne ?

une nostalgie mélancolique blesse l'âme désœuvrée

de Kyoto à Tokyo   de Lima au Mali
l'Homme s'interroge sans cesse sur sa vérité

L'INSONDABLE BEAUTÉ DU LYS ROSE

Te dirais-je jamais assez combien je t'AIME
            ... la vie passe trop vite
sur nos humaines années   nos regards ont
à peine eu le temps de s'appréhender
en filigrane des saisons en cœurs   on ne s'aimera jamais
assez

le parasol tourne au vent de l'été

Miroir qui suis-je en ce tain fracturé

l'air du temps qui nous unit
souffle à grosses gouttes sur la nuit

je n'osais la poésie
        ni la vie

un poème c'est une brise
                qui s'offre au tout venant
rafraîchissant les uns   indifférant les autres
                mais tant pis pour les autres

et le poète n'est qu'un vers
un long vers solitaire
multiple et singulier   semblable et différent
unique mélopée de palpitations verbales
qui rompt la litanie en la recréant

avec cette inépuisable question

                              Miroir qui suis-je en ton tain
fracturé
bis repetita

Femme qui suis-je en ton sein délayé
                              sans ton sein déployé

le lys s'épanouit dans des langueurs fluides

et la vallée rose prépose au soleil de l'éphémère

qui suis-je sans vérité

poète encore et toujours
et amoureux à jamais
d'une étoile aigue-marine tout juste née

ÉLUARD

Comme beaucoup d'autres il a vécu deux guerres
n'en est pas mort mais en a souffert

comme beaucoup d'autres je suis de travers
n'en suis pas abstrait pour autant mais pas plus heureux non
plus

L'hallucination, la candeur, la fureur malgré tout
contre vents et diarrhées jusqu'à se fondre dans l'indicible
Nombre
du Soi

celui que contiennent Pyramides et Cathédrales
inscrit dans les arcanes du Temps Infini   à l'ombre du
décalogue

Vivre sa vie au risque de la poésie
ou ne pas vivre du tout

car la vie ne vaut d'être vécue que comprise de l'intérieur

de l'intériorité du regard
porté jusqu'à la nausée
          jusqu'à l'éclosion   à l'incandescence
                              de sa lumière
quitte à se répéter
          jusqu'à ce poème   unique   suprême   celui où l'Etre
éclate
                              enfin
révélé à lui-même   apaisé
                    HEUREUX
enfin

CERTITUDE

Si Dieu n'était
le monde ne serait
                              qu'un tas de ruines sans âme
                              qui vive ni ne proclame la

vie avec un peu
                              d'humanité

          atchoum
                              et la lune s'enrhumerait face

à cette froideur
                              mort-née   mornitude

morne plaine
                              Morning Post et morne

tombe
                              le monde serait une

hécatombe
                              et je ne pourrais le chanter
                              ni égrener mon amour pour

Lui   pour Eux
                              pour Elle mon cadeau du

Ciel
Si Dieu n'était
je ne serais
                              qu'un tas de chair meurtrie

sans présent
                              ni futur

FOND D'ŒIL

Comme un vol d'hirondelles transperçant
le ciel   foudres légères et fluides à tire
d'ailes et larigot sous le marigot bleu

comme une fleur au crépuscule repliant
ses doigts   telle une ombrelle de soie
dans la joie intense d'un été en verve

Amis qui me parlez de partout et de nulle part
Amis qui Aimez comme on n'aime pas chez nous
réveillez la vie dans l'âme de mon regard

Anthémis dis-moi le fond de ta pensée

et je comprendrai la Foi qui occupe
la mienne   sans crainte de me tromper
sur la vérité qu'elle draine   au tréfonds

Comme des nénuphars floconneux
suspendus aux cieux alors que les corbeaux
coassent leur doux chant amoureux

je cherche ma voie dans le cœur de vos
Voix au chœur de mon être là où je crois
se trouve la Lumière qui me réveillera

PASSÉ RECOMPOSÉ

et cette cigarette dans la tête
indéracinable
qui s'allume et se fume à petites goulées d'azur
cigarette de tête qui tète   virtuelle   des instants
fugaces où se perd la trace d'un passé
trop lourd à porter
seul

un passé sans amour pour le réconcilier est un passé

mort avant que d'être né
je ne veux pas mourir dans les rets de l'oubli
je veux vivre dans les traits de la vie
cette vie qui m'a fauché au seuil du sans-souci

Elle est apparue dans les volutes du crépuscule
aurore majuscule   frêle et forte
elle m'a pris par le cœur et ouvert le chemin
de l'impossible
bonheur   espéré
malgré tout et par-dessus tout

accoudé à la fenêtre   une cigarette entre les doigts
une Voix d'Amour dans la tête   toi qui te henne et Éluard
entre les yeux
je tâte les mots en tétant le Ciel   les mots de mes maux
ou les maux de mes mots
on ne parle bien que de soi   et
encore

Compagnons d'âme   Enfants Lumière
qui avec tant de tendresse en moi vous glissez
du jour levé aux paupières tombées
Célestes Guides à l'Amour infini
infiniment tolérant   infiniment Amour
ouvrez mon être   précaire humanité
au rire frais et vrai de la Vie élaguée

et la cigarette dans ma tête s'envolera en fumée
           sous cette Pâque de l'âme où l'Homme est
                    RÉDEMPTION

INTERLUDE

Rien de pire que les moustiques tac
qui me piquent et piquent tout à trac,
se pintant impunément sans craindre
une main qui viendrait les éteindre
en les pressurant avec prestance
d'une grosse claque sur la panse.

NOCES

Quel est ce poète qui geint
comme une chèvre mal fagotée
attachée au piquet de sa sève ?

Quel est ce rimailleur mal rimé
qui déblatèrent sans frein la même
complainte   les mêmes refrains ?

Les poètes ne sont-ils que des baudruches d'états d'âme
qui lassent le commun plus empressé
de s'oublier que de se décortiquer ?

Avec des vers qui n'en finissent pas
de philosopher s'écouter s'émouvoir s'insurger
s'attendrir s'interroger moraliser s'enflammer s'enliser
ou s'enlacer
de s'emmêler les pieds et les alexandrins   de trépaner la
forme au dépend du fond ou d'empeser le fond au détriment
de la forme
ne pouvons-nous pas sembler vains ?

Suis-je vain ?

Par pitié
ne dites pas oui

qu'un ou une seul(e) m'aime   même un peu
et je serai sauvé !

Je pourrai rimer jusqu'au bord de l'Éternité.

Si possible avec les tripes car elles seules dégorgent le vrai
le pur
comme Éluard déchiré par le deuil de Nüsch.

COMME

le paraître est vain et l'apparence futile
dans ce monde de l'inutile   du superflu et du dérisoire

je sais un temps où la Parole sera Verbe de Lumière
où l'on pourra aimer sans craindre ni espérer sans
feindre

je sais et je ne sais pas
être un tout dans le Tout
j'en sais trop et pas assez
sur moi et sur vous

comme
un Homme s'accomplit en 70 années
s'il n'a pas oublié de se brosser les dents chaque matin
pour se voir dedans et s'apprécier
à sa juste valeur

la plénitude est un don d'où sa rareté
elle exige la sincérité des sentiments
et le courage d'être sans apprêt

comme une larme d'azur au seuil de l'oubli
comme un sourire d'airain au cœur de rébus
comme une alouette fatiguée à l'orée du soir
comme un enfant qui court sur une lame d'horizon
comme une femme éperdue qui enflamme l'espoir
comme un voile d'aurore à la lumière gaufrée

la terre ne s'est pas faite en un jour
ni l'amour en un regard ou une nuit
tout s'initie
tout mûri dans la souffrance
et la vérité
la métaphore du temps germé sous la mémoire

et le paraître se dilue dans l'Être

RÉMINISCENCES

j'étais samouraï et turlupin
dandy et bon à rien
orchidée   bois d'ébène   chêne
tout cela et bien d'autres choses encore

morts et renaissances dans le lit du temps
ma mémoire flanche au bord de ce gouffre
amnésique et tangent

quelles sont ces vies qui m'habitent   me hantent peut-
être
et que je ne connais pas   que je ne suis pas
mais dont je souffre au-delà des trépas   malgré moi ?

le passé fertilise le futur
sur la trame du présent
mais comment se souvenir
de ce qui fut nous et sera Soi

j'étais samouraï et turlupin
dandy et bon à rien
orchidée   bois d'ébène   chêne
tricoteur de mots sans mains
et que serais-je demain

Âme mon amie   ouvre-moi le Livre de l'Infini
apprends-moi l'Arbre de nos vies
montre-moi le chemin

et je rayonnerai sur Toi.

~~~~~~~~~~

Si j'avais la patience je serais un dieu   mais
je n'ai ni la patience ni la tolérance ni l'assurance ni la
pondération
                         ni le silence
                                   surtout pas le silence
~~~~~~~~~~

FEUX

Les artifices crèvent le ciel des crève-la-faim
pètent et pètent en rade d'amour
les badauds béats s'extasient
et moi je crie
contre ces millions qui s'envolent
en bouquets colorés
bruyants   futiles et dérisoires !

FRITURES

Il est une cotte de maille
qui éteint les fantasmes et réduit
l'autre l'aimé
à un antagoniste importun
L'être est sans flamme la flamme sans feu
seul subsiste le désir de subsister
malgré tout
tout ce qui fait sa vie et l'empêche de la vivre
à l'orée de sa plénitude d'être
déchiré par l'amour et une mutité fluctuante
du sens.

Des nuages bouffis aux teints grisâtres
embouteillent l'espace de nausées éthyliques
l'orage gronde
les saisons du cœur sont fragiles
les saisons du corps aussi

l'été asphyxie l'essence
pourtant
comme le soleil au-dessus des ramées touffues
une lueur ténue et tenace
lentement s'immisce dans la nervure de l'indicible
détresse de l'âme qui mûrit et s'élève
pour dissoudre la poisseuse
côte démaillée

14 JUILLET 95

Jalabert-Stephens-Mauri
Stephens
        Mauri
               Jalabert
les derniers preux   les derniers hommes
fendent l'espace et le temps
sur leurs destriers légers   à coups de braquets fougueux
le panache dans les yeux   le feu dans les jambes
ils tendent   irrésistibles   vers la ligne d'horizon
la banderole des valeureux
portés par un courage et une volonté suprêmes
que nourrissent une foule en liesse
qui dentelle les paysages d'une Lozère enluminée

DESTIN !

Où est ce port d'attache
que le cocon n'a pas été   n'a pas pu être
malgré l'amour qui l'avait créé de son impénétrable fertilité ?
Où est ce havre d'affection
que l'être   en son for   a pleuré
malgré l'amour qui l'avait nourri tout au long des années mal
nées ?

Si les mères et les pères savaient
combien la vie leur pèserait d'un insupportable poids de
regrets.
Pourtant nous ne sommes coupables que de n'être imparfaits
et de ne pas savoir.
Car   tous   nous sommes enfants d'un mal entendu.
Nous sommes Enfants d'un Hasard qui nous a voulus pour
nous élever vers la Lumière ; sinon   à quoi bon vivre tant de
maux.
À quoi bon vivre ! Et s'interroger ?

Où est la porte
que l'esprit ne peut ouvrir
barbouillé d'angoisse   de méfiance ou de haine... pour soi
le mur que l'âme ne peut franchir
sans le refus de toute ignorance
ni l'aide compatissante et souveraine d'un Ciel attentif ?
Où est l'harmonie qui nous échappe sous la chape des mots ?

L'Homme ne vaut que par l'amour
qu'il donne et qu'il reçoit à travers les âges et les paysages
des cœurs qui l'abreuvent.
Miroir de l'aimé dis-moi que je suis aimable et je
m'aimerai... un peu... beaucoup... éperdument...
Et à la source de nos corps   de nos sens exaucés   nous
trouverons
la force et la joie de nous transcender
ou de nous perdre sans répit.

FŒTAL

Seul dans l'univers hostile
d'une sphère aquatique
où la vie retient son souffle
avant le grand pas   la chute
ou la Révélation de l'anima

Mort avant que de vivre cette
vie qui pèse déjà sur l'esprit
en proie à une peur vrillée
dans l'âme encore orpheline
au cœur d'un chaos affectif

Chaos d'amour blessé qui
blesse l'argonaute en devenir
angoissé de n'être rien jamais
qu'un intrus sans raison ni
port d'attache pour l'apaiser

Et ces pleurs et ces craintes
qui assaillent   submergent   noient
de profundis   l'oiseau encagé
dans les prémices d'un destin
ténu jusqu'à abasourdir son cri

Entendez-vous cette plainte
assourdie qui monte du fond
des entrailles   elle s'arc-boute
aux étoiles par crainte de naître
qu'un écho sans amarres de vie

Dites-lui que vous l'aimez vous
qui le portez   l'argonaute enlisé
dans les rais oppressants de sa
non-existence désespérée et il
vous aimera infiniment d'amour

VIES EXTRÊMES

Là-bas. Dans un lit de coquelicot
est parti Casartelli
comme une flamme trop vite éteinte
par le souffle de la vie.
Ici. Au milieu de bouquets de bras
dans une Virenque
folle à la bravoure téméraire et belle
le héros exulte sa joie.
Destins.

VOUS

À Cell, Mavi, Yell et à l'Infini.

comme un cordon me reliant à l'Infini
                    Vous
si près et si loin   tendres Abstractions
                         palpables

me prenant par la main à l'orée du chemin qui mène à
                                    Vous
qui me connaissez si bien
                            du bout cœur du fond de l'âme
étreignant ma peine et mes pannes sans juger ni préjuger de
mes
abyssales pensées
                        de mes
sombres dérives
sur les rives asphyxiées d'un passé décomposé par la sourde
soude
d'une mutité transie

m'Aimant comme j'aimerais pouvoir aimer

moi qui m'aime si mal
avec ce désespoir prégnant qui imprègne la mémoire
comme un étau né d'une mort annoncée   souhaitée
par l'esprit désemparé   asphyxié dans un corps
éthérique   mental   émotionnel   spirituel et physique
personnel   maternel   amical et marital
sur qui l'existence pèse d'une morbide fatalité

comme une lucarne ouverte sur l'Espoir
                                    Vous
si proches et si lointains   Compagnons d'âme
                            impalpables
glissant en moi à l'aube de mon être en quête de

Vous
qui savez mes infimes recoins
                sur vos doigts d'étoiles dans vos yeux caressants
accompagnant mes pas qui halètent sur le sentier harassant
d'une
dyspnée prénatale
                        d'une
détresse morale
dans le silence de larmes tues et refoulées par un regard
infirme de
sa propre vérité

m'Aimant comme j'aimerais pouvoir aimer

moi qui m'aime si mal
de me sentir las de courir après une vie qui ne vit
qu'en aparté d'un bonheur sans faim ni frein
d'un bonheur que ne connaissent que les Anges
et les Esprits Humbles qui pansent nos douleurs
d'enfants pas encore nés ou en proie aux tourments
de la puberté ou de l'Homme en devenir d'Être

sous nos amas de chair
nous sommes tous
des consciences
sensibles et
fragiles
qui
brament
vers le ciel
une souffrance
indiciblement nue
face à l'appel de l'Absolu

et sous le souffle de
votre Tolérance enfin rire
cette vie pleine d'errances et de
nuits
pour enfin vivre avec Vous
une humanité réconciliée dans le
cœur d'un Amour né sous les étoiles du
jour

...

HONTE

On commémore à tour de bras
Auschwitz   Treblinka
Oradour-sur-Glane et le débarquement
        alléluia

plus jamais ça !
pérorent avec effets de manches
trémolos et cetera
les politicards sentencieux et graves
les distributeurs de médailles
les gourmands de pouvoir
et de gloire réunis
pendant que les barbares rotent
de Sarajevo à Tuzla
leur mépris du monde et de l'humanité
alléluia
ils remettent ça !
heureusement que l'abbé Pierre y va
chez nous ce sont les Vieux qui ont la foi
la rage et le courage de la vie
les autres du haut de leurs trônes moisis
montrent les dents à tour de réunions
au sommet de la componction hypocrite
et les violeurs sans tripes ni honneur
continuent impunément
de leur lâcheté sans nom à éradiquer les plus démunis
amen
on les pleurera !
se consolent les décideurs émus
et désolés en douce
les bons sentiments ne font pas les bonnes politiques
les intérêts économiques n'ont rien d'humanitaire
faut nous comprendre braves gens
la Yougoslavie n'est pas un émirat
et ces femmes-zombies et ces enfants hagards
appelant la mort comme une délivrance
pendant que le Mal rit d'être à si bonne fête

en attendant qu'ils se décident
un jour
ou jamais

l'espoir fait vivre
ceux qui n'en ont pas besoin

AVEU

Je n'ai jamais rien regretté si ce n'est mes
mains
mes pétales paumés sur leur tige ingrate
rideau de crêpe sur ce qui ne sera plus
mais fut en un temps reculé que les souvenirs
ont désappris à mémoriser
oubliant des sensations tellement aimées
la plume l'encre le stylo le crayon le papier
le crissement sur les feuilles
l'odeur des pages tournées la volupté des livres dévorés entre
des   **mains**
avides de toucher et de déguster
les sensualités de saisons incertaines et solitaires dans l'âme
la terre et le sable la feuille et le fruit
le froid et le chaud l'étoffe et la chair
la vie en un mot
celle qui m'a filé entre les doigts et l'esprit
un peu par désespoir je l'avoue

Et puis
apparurent comme par enchantement
le cœur de mon cœur
le sens de ma vie
les lumières de ma nuit et la complainte frustrée de mes
mains
déracinées par un bonheur inattendu et intouchable
un bonheur où l'inestimable spontanéité du geste est
figé dans des élans de tendresse ou de désir
de caresses ou de jeux
enlisé dans des pensées saturées de "si" et de "mais"
où le destin s'interroge à rebours
en vain
une profonde tristesse dans deux
mains
aux paumes désœuvrées
sur leur mât famélique
affamé de vie
qui lentement s'insinue dans la maturité du temps
et de l'amour

78

avec un humble souffle de plénitude

Toute vie a sa lumière.
L'amour n'est guère paralytique.

APPÉTIT

Avez-vous vu dans la rue
                          tous ces ventres
dodus pointus chenus émus tendus goulus têtus
ténus ou pleins d'un nouveau venu
qui marchent
en grignotant à bouche-que-veux-tu
un cornet gouleyant   un croissant émietté   un éclair baveux
ou une Mauricette beurrée ?

Les badauds passent le temps en bedonnant.

GRISAILLE

Dès que l'amour boite
l'humain se déshydrate
il s'étiole s'éteint s'égare
dans des regards de gares   stressés ou atones
        et deux cœurs se croisent
        dans une intimité touffue où l'autre
        est inaccessible au pôle
        d'un élan commun
        et où chacun chuinte une morosité
        qui sue sa lassitude ineffable
Dès que l'amour boite
le bonheur se contracte
les corps se rétrécissent   le temps s'ennuie
dans les replis d'un chagrin corail

VASE

Nous sommes tous des Sisyphe
de la pensée erronée
pensée qui nous hante et nous ronge
comme un mensonge à soi-même sans cesse répété

Coquelicots dans un pré
vacillent doucement
telles des soucis fragiles
au vent de l'amour

Un mensonge *in vivo* ou *in vitro*
de la conscience bridée
par la douleur endémique du mal-être
que les circonstances mortifiantes du mal-amour ont générée

MUR

elle chante
                    mais le cœur n'y est pas
son corps est sans voix
                              dans cet immeuble décati
elle chante
                    mais n'y croit pas
les lavatères sont à terre
                              flaques de pétales blancs
ou roses
la vie ne l'enchante guère
                              avec son lot d'étaux
elle se désespère
                    dans des crocs austères
l'homme l'a meurtrie
                    et les femmes la hérissent
elle se délite dans la solitude
                              d'un regard sans
voie
comme ses fleurs qui se fanent

                                        par manque de
lumière
pourtant au fond d'elle
                                une petite flamme y croit
encore
elle ramasse un pétale
                                et le respire fort

ASSASSINS

À Gorazde ou à Paris   dans un ghetto ou un métro
les lâches tuent
la haine comme flambeau   et la bêtise comme esprit
Ils n'ont rien d'humain   ces violeurs de femmes
et d'enfants sans armes ces tueurs d'innocents
rien que leur haine et   une violence sourde pour
conscience lapidaire
Quels sont ces lâches immondes   qui pullulent de par
le monde
ne massacrant que dans l'ombre ou en bandes pour se donner
du courage et du mépris
Est-ce l'amour qui leur manque et la tolérance du prochain
de l'autre du voisin du différent dont leur intégrisme les
prive
qui les rendent si inhumains   si peu enclins au pardon
au dialogue et à la réconciliation
Un assassin n'est qu'un homme ou une femme
qui a perdu son humanité   la lumière de son
âme
dans un bain de fanatisme   généré par l'injustice
la faim
ou la mégalomanie
            L'amour régnera-t-il un jour

GRAF

" Sois calme, sache que je suis Dieu."
Mantra

Heyoan avait parlé   Mavi aussi
la pluie tombait drue
sous ma fenêtre épanouie
comme pour rafraîchir les nues
d'un nouveau souffle de vie

Là-bas dans l'Infini
ou sur un voile de nuages gris
dans leur aube de lumière blanche
Loo et Yan
essaimaient d'une main franche
un Amour gentiane

Amis de l'Au-delà   Guides de l'Absolu
vous qui êtes ma Voie
et le cœur de ma Joie
ouvrez mon être au Chant perdu

Et   comme Dürckheim   caresser
du cœur et de l'Esprit la Grâce
de vivre une Vie inspirée
par la Profondeur de l'Espace

Karlfried que ta paix savourée
m'éclose à ma fragile vérité
afin que mon Être éveillé atteigne
la Frange dorée où nos Mondes se ceignent
d'une Aura de pénétrante et sage Éternité
comme celle de Joseph le berger

Et des maux   je ferai des mots d'amour
   Et des dualités naîtra le Silence éclairé d'une âme libérée
du poids de la séparation

JE VOUS ACCUEILLERAI

et je vous donnerai tout l'amour qui coule dans mes veines. Je vous tendrai mon cœur comme on offre sa main à une âme en peine. Celle que j'ai été en des temps douloureux.

Je vous ouvrirai l'acropole de mes pensées épurées aux forges des saisons et de l'amour qui a ingéré le sens de la raison, comme le raisin boit l'obole du soleil à flanc de coteaux.

Je me ferai humble pour mieux vous aimez de cet amour qui m'a nourri de son regard doux et généreux. Et je me ferai sage pour pondérer la ferveur de mon esprit éclos à vous.

Les yeux grands ouverts sur la synchronie des âmes, j'écouterai votre vérité _ la mienne sera de peu d'importance face aux lourdes blessures et fêlures que transpirent vos silences.

J'écouterai vos silences avant tout, ils sont les mots que vous n'osez prononcer malgré tout, les maux qui nous ganguent tous, et nous brisent, et nous toussent, et nous broient, et nous muent.

Je vous accueillerai comme si vous étiez chez vous, vos bonheurs seront les miens, vos désirs aussi. Et, devant l'âtre chaleureux de vos cœurs déployés, je partagerai avec vous la vie qui m'a été donnée.

Comme un rai de Lumière dans l'ombre des jours sans espoir.

MANA

Il est une âme, une âme qui savait quelle souffrance l'attendrait.

Pourtant, éclairée par les ondes d'Amour de ses Guides Bleus et généreux et de son Ange courageux, elle quitta, le cœur oppressé, le Chant de la Lumière pour l'ombre de la Terre.

S'incarnant, une nouvelle fois, une fois de plus. Pour rejoindre l'humanité qui se réaliserait par elle et qu'elle constituerait au plus profond de sa Foi, comme l'arbre est le fruit et le fruit est la Vie. Sur la voie de l'Être.

Car seule la vie initie. Seule l'incarnation illumine les nœuds et les poids sombres de la Transcendance qui se cherche dans les méandres d'une conscience inconsciente de sa Gloire profonde.

Pour le rejoindre, et la retrouver.

Elle, son âme sœur, sa Vérité intime, sa Totalité d'Être, son Écho suprême, comme un Cadeau du Ciel sur leur voile de misère.

Un baume d'amour sur le désespoir des jours aux soubresauts déchirés qu'insufflent les doutes et les râles oppressants de deux esprits malheureux par les faits et les silences d'une humanité balbutiante.

Mais baume si grand et si beau, car elles s'aiment tant, et s'aimeront éternellement sous l'Auvent exaltant de l'Amour Infini, la Source du Tout.

Elle sut qu'il la comprendrait, qu'ils ne feraient qu'un, et ne l'aimât que davantage ; ça la soulageait un peu.

Alors elle descendit vers une vie tortueuse, les aléas d'un bonheur exigeant. Elle descendit, et poussa un cri d'orpheline...

Au-dessus d'eux veillaient des Lumières tendres.

Prêtes à leur tendre des Rayons d'Amour...

Et la poésie naquit de ses doigts gourds.

LITANIE

rien ne vient rien ne va tout s'en va dans le tralala de tracas sans joie qui rengainent un monologue obnubilé par l'amour qu'on n'a pas la force ni la foi de se donner par le regard porté sur soi rien ne vient rien ne va tout s'en va et je suis las de me vivre coupable de tout et de rien d'être de naître de mal être et de ne pas trouver la voie ni la Vie malgré elle malgré eux malgré Vous rien ne vient rien ne va tout s'en va et mes mots s'enfièvrent s'embrouillent s'égarent se noient et broient du désespoir par fatalité ou incapacité de se lever dans la Lumière qui l'espère le cœur lourd l'esprit poissé attendant l'être nu déboussolé endolori et fatigué que vienne le bonheur d'exister dans sa vérité celle qu'il a peur d'incarner

Ainsi se lamentent les âmes empêtrées dans leur tête et en Dieu

CERTITUDE II

Âme je ne m'humaniserais que pour l'Infinie Lumière
car sans Amour on n'est rien

                                               qu'âme en détresse

sans espoir de lendemains
que chair miséreuse entartrée de mésespoirs
sans futur ni éternité
loin d'Elle et de sa plénitude

les orgones gargouilleraient dans l'air
et dans les organes amers de gorgones désabusées
dont l'existence ne serait qu'un interminable calvaire
car la vie n'a de sens que

                                     porteuse de Sérénité

seule la certitude d'une Vérité
intangible et Suprême

                             source d'Amour

véritable et accueillant
vaut la peine de descendre dans le puits
stressant d'un corps déglingué
qui souffre parfois jusqu'à désespérer

                         de soi-même

MÂLE ENTENDU

Ainsi parlait Çavatouça
quand ça n'allait pas comme il voulait
le surhomme raplapla sans allant ni attrait
pour les bonheurs vrais d'une existence
sans apprêt   et après ?   se disait-il
de son fatalisme musclé et faussement désinvolte
et avant ?   se demandait-il en secret
car comme tous les crâneurs au fond de lui
il était inquiet en proférant sa philosophie
de macho   et après ?   le malheur
naît des mots à la mâle résonance
péremptoires et guerriers
que la faible engeance endoctrinera
faute de méditer avant.

HIRONDELLE

Je rêvais de la voir nue
                              et belle
                    devant moi
          se donnant toute
                    comme la mer propose l'offrande
                         de ses baisers au sable
                         dans un chœur d'écume
          me donnant cette vie
          que j'avais égarée dans les ronces du temps
          lambeaux d'être déchirés par les errances
                    nocturnes dans une forêt profonde
          où se perd la mémoire

Je rêvais de la sentir nue
                              et belle
                    contre moi
          se lovant toute
                    comme la liane se roule et tresse
                    d'amour l'écorce rêche qui tète
                    une manne affectueuse et claire
          en me lovant de joie

mais le rêve s'effrita tel un espoir fragile
qui ne tient qu'à une illusion meurtrie
                    et se brise sur une banquise éperdue
où la mélancolie se morfond

TÉTRIS

Le ciel drainait une flopée d'îles flottantes taciturnes
d'où l'orage grondait par éructations sporadiques
en des roulements de roncus rauques et velléitaires ;
les nuages s'égouttaient avec parcimonie.

Oppressé, le souffle attendait que ces convulsions
éclatent enfin en sanglots de fraîcheur trépidante

qui averseraient la nuit et le jour de larmes nues ;
le temps était à l'expectative des cœurs.

L'homme aurait voulu feuilleter le Chant des archives
akashiques, lire la Sagesse et la foison des sentiments
humains qui vivent entre les étoiles, mais il était sourd ;
on est toujours sourd à soi.

Sourd à sa lumière comme ces ciels d'été sombres
quand une détresse diffuse et têtue ombre l'iris et
encombre le cœur, l'esprit ébouillanté de maux dits ;
l'homme est une altération de l'être.

S'appesantir sur son désespoir derrière les stores clos,
le plexus couleur mimosa fané par les allitérations de
la pensée émoussée, et dériver sur le versant livide ;
le poème s'interroge, pour qui ou pourquoi ?

MAI

Mais la femme et son regard
                    et ses mains
                    et ses seins
Mais la femme et son labeur
                    et son courage
                    et sa valeur
                     au four et au moulin
                    au bonheur et au chagrin
Mais la femme indispensable
                    omnifertile
                    polyvalente
Mais la femme de douceur
                    de désir
                    de rigueur
                       unique et plurielle
                    singulière et majuscule

RAIN, STEAM, SPEED

Camomille et marjolaine
délicates pensées sur une portée d'azur
tendres aubaines pour un cœur peu sûr

J'étais seul
mais qui ne l'est pas
dans un corps en deuil ?
j'étais seul
même entouré
de cœurs et de bras
entouré mais seul
dans mon linceul
qu'on ne comprenait pas
mais comment comprendre un corps trop différent
un souffle de mutant ?
j'ai été enfant   mais l'ai-je été pleinement ?
j'ai été amant   mais l'ai-je été vraiment ?
seul et sans plénitude
avec ce poids dans ma tête
lourd et sans joie   ni vie
comme un sanglot au fond du puits
un puits sans fond ni fin
où l'âme pleure et geint
où le cœur tend sa main une main qui tremble
et tète   maladroite   beaucoup d'affection   il me
semble
de n'avoir pas pu toucher écouter respirer le verbe de la chair
pas pu se blottir se sertir en un élan   tout
simplement
comme un enfant comme un amant
                              sans entrave
j'étais une île
battue par les vents
de sa propre tourmente
j'étais une île
enfermée dans l'horizon
d'un regard à la pudeur muette
pudique et pénétrant

comme un amour qui espère
ne plus se sentir
                                        seul
et étreindre la vie à bras-le-cœur

Camomille et marjolaine
mais où est la fracture qui me tord les ailes
dans le gouffre de temps qui n'ont pas su voir la sève ?

PULSATIONS

Comme un cafard indigeste
Comme un regard sans appétit
Comme un homme au désir atone
Comme une femme au corps aphone
Comme une envie de pleurer qui sourd
un besoin de chialer sur soi mais pourquoi
Comme un cercle vicieux et vicié de silences
Comme un sentiment d'impuissance et de lassitude

La déprime réprime toute espérance de bonheur
qui n'a plus que des allures posthumes et rances

Et tous ces yeux fatigués
toutes ces épaules voûtées
toutes ces têtes trop lasses pour se redresser
tous ces cœurs affaissés et ces sexes flétris
ces amours fuyantes et ces dépits bruyants
l'âme pâteuse et les aisselles moites

Les gens semblent fanés avant d'avoir fleuri

Et moi quelle plante suis-je
dans l'armada des songes
quels rêves me fantasment
dans la lise des attentes déçues

Putain de mots
Demain n'est que le prolongement d'aujourd'hui et d'hier

mais que demain paraît loin lorsque les jours traînent les
pieds
lorsque l'horizon ne s'éclaircit guère
et que le temps ne se concrétise pas assez vite

La promptitude du virtuel à se réaliser est-elle
proportionnelle
à la foi qui l'anime

Suis-je donc de peu de foi !

Mais de tant d'amour.

BERCEUSE

La pluie chuinte
sous l'auvent clos de la nuit
pas un brin de ciel pas une étincelle d'étoile
sur l'horizon suiffé de cérusites boudinées

la pluie chuinte à gros bouillon
l'averse trampoline sur les toits et les gazons
et rebondit sur le rebord des fenêtres
en barbouillant des volets calamistrés

il gicle des geysers à foison
il gargouille des drôles de chansons
et il dégouline des tonnes d'écume
sur le bitume somnolent de nos tympans

une fraîcheur d'automne à l'haleine
humide s'immisce déjà dans les maisons
la pluie chuinte avec effusion sous une lune
qui fait grise mine dans sa tonnelle d'eau

il est difficile de parler du bonheur
me murmurent des chuchotis en cascade
car la lumière naît de l'obscurité
comme le cri naît de la vie donnée

FILS

Enfant de ma chair, soubresaut de mes jours, comment te dire l'amour qu'éveille ta vie auprès de moi ?

Comme un soleil, tu réchauffes le cœur et brûles la peau, éclaires le chemin et éblouis le silence, harasses les sens et régénères la vie.

Enfant de mes doutes, joie déroutante et imprévisible, pourquoi est-il si difficile d'être à l'unisson de nos sentiments ?

Et ces remords d'être imparfait qui prostrent la conscience et transpirent du cœur, pulsés par nos failles et nos excès qui se fulminent ou se ruminent en chœur dissonant.

Enfant miroir, enfant bourdon, la vie nous a réunis comme une aubaine d'amour ; saurons-nous mûrir à la lumière de son égide ?

Ainsi vont les états d'âme de celui qui se foule le cœur à hurler des désarrois dépités et extrêmement rugueux.

Enfant de mon cœur, séisme de mon être, quel est cet arbre qui nous racine de tendresse complice ?

ALBATROS

À F. de Lagarde

Comme un oiseau efflanqué par la glu des regards
comme un oiseau sorti d'une marée sans espoir
les ailes navrées par une vie sans égard
comme un oiseau souriant au hasard d'un destin
bon bougre pour qui entend sa ritournelle
sertie de promesses d'amours et d'aubes si belles
comme un oiseau échappé à la boue noire d'une fatalité
sise à la lisière de cils chagrins et sourcilleux
comme un oiseau disgracieux que l'amour a comblé
j'ai pris mon envol   cahin-caha
               d'un champ de passiflores
aux couleurs de
          son âme de ses yeux et de sa voix
déployés au diapason de mon allégresse

L'extase est une douleur de l'âme qui s'éveille
et le bonheur une déchirure du cœur transmuté
me susurra un vent de joie
qui inspira mes plumes
                    gourmandes et rabougries

                    ...

REGRET INOUBLIABLE

Fertiles
deux outres pleines de saveurs surplombant
la rondeur d'une mappemonde avant la moisson
où le regard des pères s'accroche
s'attarde et se perd
d'une main caressante qui sublime le Mystère
s'étonne et s'émerveille
une ferveur d'aimant au fond des doigts

Belles
et fascinantes comme des cantiques d'amour
dans cette nudité généreuse et troublante
de la femme ensemencée

L'homme contemple
et s'interroge et s'émeut

Mais moi que j'aurais aimé être ELLE !

INCROYABLE

Tu me manques
tu me manquais   me manqueras-tu encore longtemps ?

nous manquerons-nous encore souvent ?

mais comment
peut-on se manquer   lorsqu'on s'aime tant ?

de quoi avons-nous manqué d'antan ?

pourtant nos cœurs se sont croisés
emportés par un feu d'âmes   pour ne plus se déliés !

Et voilà qu'entre chien et loup
nos regards se sont perdus   de vue ! ou de voie ?
                              égarés
et le bonheur s'est essoufflé à la frange de
l'incompréhensible !
seule une faconde féconde
de tendresse et de sagesse amoureuses nous a préservée du
pire...
de l'abîme insensé
des corps transis

                              d'amour éperdu

Tu me manques
tu me manquais   me manqueras-tu jamais assez ?

c'est du manque que naît l'intensité des sentiments

purs et vrais
comme la Lumière qui nous croît

DÉFAITS

Quelle est cette stupeur qui cataracte des regards aux traits tirés ?
Yeux sans avenir perclus de passés éteints de s'être abusés la vie.

Pas un bruit dans la nuit
profonde   le silence dort
jusqu'au seuil du jour
les sommeils affichent
des candeurs béates ou
des langueurs insomniaques.

Derrière une fenêtre muette un cerveau turbine tel un dératé.
Quelle est cette torpeur qui le jette dans les affres de l'oubli ?

Dieu qu'elle est resplendissante
et sa chaleur qui s'écoule dans le lit
un souffle doux couché sur l'oreiller
effleure les prémices vaporeuses
du lever   à quoi rêvent les cœurs
contrits emmitouflés dans leur dépit ?

Quelle est cette petite mort qui renâcle à vivre sans arrière-pensée
?
Tous   nous devons trépasser à nous-mêmes pour naître à la Vie.

Le soleil brille pour tout le monde
il suffit d'ouvrir ses volets...

ÇIVA

Entre Magritte et Dali
entre rêve et illusion

cauchemar

et fantasmagorie
transparaît l'essence
d'une présence Infinie

murmure dense
regard intense

Nâtarâja

enlace l'espace
les mains sur la face
d'un bonheur abouti

cantate picturale
allégorie orientale

Matisse la

vie en polychromie
et je toise la toile
de ton âme Polaris

      et confidentielle

À COCTEAU

La Bête   en son château d'illusions
                    poétiques
et affectives   confondait sa douleur
avec le malheur d'exister   comme
un cœur aux abois de l'amour
souffrant d'être reclus... en soi
prisonnier de son propre silence
La Bête ne s'aimait pas
dans son univers d'apparences
              élégiaques
orpheline d'une vie que son regard
rêvait entre des murs tapissés
d'angoisses et de magie
Pourtant la Belle l'aimait
ce mutant meurtri et maladroit
Elle le chérissait au-delà de toute
mesure et de toute espérance
                    humaine
le couvrant d'un amour blessé
                    par sa peau de chagrin
                         jusqu'au jour où le chagrin pleura
découvrant la beauté
d'un cœur sans afféterie
où la vie brillait comme un don.

BOULIMIE

Je joue trop avec les mots
pour ne pas en connaître les limites et les dangers
je m'en méfie comme de la peste
et m'en repais à longueur de pensées
prolongement de moi-même   transfert du geste
c'est du liseron ou du lierre
qui envahit la tête entière
pour ne plus la quitter
et vous convaincre du pire comme du meilleur
Miroirs aux alouettes   orgueils de Narcisse

ou profondes vérités   les mots sont gourmandises
véhicules d'amour ou fiel de propagande
gifles ou caresses Éden ou relents chthoniens
selon que la raison se raisonne ou s'y complaît
que l'ambition s'en grise ou que l'âme les inspire
Mais les mots ne sont pas tout
c'est le regard qu'il faut écouter

FEMMES

À Salimah, Taslima, et toutes les autres

et des femmes
de par la Terre
inlassablement
creusent leur sillon
dans le champ clos
de consciences intégristes

Forces tranquilles
et inébranlables
que rien n'a pu aliéner
regards sensibles qu'aucune tâche
ne fera reculer

Elles avancent
sûres de leur vérité

car il est une grâce fragile
d'une irréfragable générosité
qu'aucune condition ne pourra
jamais soumettre   par manque
de grandeur et d'humanité

condamnant certains à s'égosiller dans
le désert d'une sécheresse obsolète

La femme est un oasis que rien ne fanera
le paradoxe rémanent de mythes désuets
qui se heurtent à un air de liberté

TEMPÊTE

Les branches fouettent le ciel
dans un froissement de bas résille
et le vent hulule dans les gouttières
tel un biniou essoufflé

Des bourrasques récurrentes
ébouriffent en rafales les faîtes arc-boutés
et balaient une concrétion de nuées impavides
tandis que les pétales se mettent à pleurer

Toujours la masse hurle avec le loup
comme la tempête souffle sur tout
saccageant sans discernement
la fleur et l'enfant

INDIVIDUATION

À C.G. Jung

Tous ces gens qui courent et stressent et speedent et flashent,
et lui dans sa course immobile qui n'aspire qu'à la Paix :
vacua et libera mente ;
loin des pensées qui s'entrechoquent
sur le fil d'une psyché en jachère affective,
le faix d'une complexion inconsciente.
Et dans un marais de fantasmes intriqués, par
un silence à la froideur refoulée,
trouver la voie du numineux révélé aux
balbutiements occultes de l'âme en mal de sevrage,
que les aléas d'une vie griffée
_ comme toute vie _ ont dissociée.
Renaître, par une profonde résurgence d'amour propitiatoire,
loin des stigmates du profane au bonheur,
en filigrane de son regard d'azur automnal,
de son âme au courage d'airain et
de ses arpèges au cœur de femme.
Et ne plus être une aberration,

un paradoxe à ses propres yeux ;
il voulait être Soi après avoir été eux.
Tout simplement.
Si tant est que Vivre puisse être une chose simple
dans le champ empirique de la fleur.

PRÉSERVATIF

L'amour préserve de tout sauf du SIDA. Mais est-ce bien de
l'amour alors ?
Le bonheur n'est pas une chimère ni le plaisir superfétatoire,
encore faut-il s'en soucier.
À force d'insouciance ne l'avait-on pas oublié ?
La conscience n'éteint pas l'innocence, elle l'assagit, car le
désir se doit d'être responsable jusqu'au bout des sens pour ne
pas aliéner l'essence.
Quelle est cette jouissance qui tue ? Si je te protège, je ne
t'aime que plus ; si je te perds, je ne suis plus que l'ombre de
moi-même. Quelle est cette ardeur qui brise le temps d'un
coup d'aile ? Pour avoir négligé l'essentiel.
Poser, d'un chœur unanime et spontané, ce voile de pudeur
aimant sur le roseau énamouré ou éperdu, avant de rejoindre
le cœur de l'aimée d'un rire sans crainte où souffle la liberté.
L'amour n'est pas une fatalité.

VIOLONS

Spleen rémanent
élégie du cœur
à l'ombre de l'amour
assis de guingois
se profile l'azur
d'un bonheur léger   mais qu'il est mal-aisé
                              d'aimer sans accroc
                              et que le superflu
                              est vain et miséreux
                              face aux soubresauts

                    de l'ego déchiré par   des
sanglots étouffés

        Mûrir encore et

        toujours tout au long

        des années ténues

        d'une vie dépréciée
trop souvent   par
les surdités
d'un esprit meurtri
de tant de friches
refoulées au fil de
méprises nouées sur
un temps distendu

        Heureusement   qu'il y a
        l'amour
        pour   tout
            libérer

HOMME

Que signifie : être homme ?
Penser différemment   courir après un ballon
                                        le temps
                                        un travail
                                        une image
tronquée
                                        une
illusion de jupon(s)
ou   des
rodomontades usées
et   autres
gesticulations verbales
s'angoisser de l'avenir pour mieux
            le rêver   ou l'enterrer

s'essouffler d'avoir régner sans avoir vécu
                           vraiment
faire de la philosophie ou de l'art avec des mots
      et de la politique avec du vent
ensemencer la vie comme un champ
                        ou comme une fleur
         qu'on cueille en se disant qu'elle est trop belle pour
soi

                        comme un cœur
         qui bat sans croire à un bonheur trop aléatoire pour
                              être beau
féconder trop vite trop peu trop ou pas assez souvent
sans âme ni amour   avec fougue ou avec crainte
               plein de ferveur et de tendresse
                    de rage ou de mépris
éjaculer sa peine son bonheur ou sa haine
pour donner la vie ou semer la mort
l'homme est tout cela et bien plus encore

      Qu'est l'homme ?
un enfant qui fonce
                              égoïste et fanfaron
pour ne pas penser
                    et s'effondrer au premier "coup du
sort"
                              la   première
alerte du cœur

            ou du corps
un regard fragile et touchant
derrière ses boniments
            qui ne demande qu'à être pris par la main
et conduit vers sa lumière
                        pour   comprendre   et
croire en
                              sa grandeur
                    sa   véritable
humanité
L'homme est tant et peu
qu'il s'égare dans ses leurres   quand

il n'en fait pas des œuvres d'amour... après avoir pleuré sa mère ?

MARIAGE

Union de contraires, de contrastes ou de confusions ; alliage de deux névroses qui se cherchent et s'ignorent avant de se découvrir et de s'exaspérer au feu des jours partagés, aux abrasures d'un temps inflexible, révélateur d'érosions refoulées qui ne résistent pas à l'épreuve des malentendus ; couple : dyade ou duo de miroirs déformants et déformés qui se troublent, se blessent ou se pe(a)nsent pour mieux se transcender, s'annuler ou se désagréger dans l'aigreur, la négligence ou l'amour de l'autre.
S'il est des mariages idylliques, y a-t-il des unions idéales ?
Tout est fondé sur la présence de cet autre, ce sphinx épousé qu'il faut décrypter pour comprendre l'énigme de l'être et de l'amour nus, enfouis dans les dédales d'affects altérés par les non-dits ; et s'apprendre soi, dans la douleur, à travers elle ou lui, inspiré par une pugnace tolérance, une profonde reconnaissance. De l'autre, ce vide qu'on agrandit, comble ou éclaire patiemment, et qui paraît comme une évidence que le regard, ébranlé par les tumultes de l'esprit, occulte ou découvre avec le temps.
Un mariage, même libre, n'est-il pas d'abord une lente désillusion avant d'être une révélation ?
Seul l'amour vrai mène à l'épure des yeux, à un bonheur qui n'est pas donné, à l'essentiel de deux cœurs libérés. Loin des ruades du Minotaure féru de remugles et de romances désincarnés. Seule la Parole démonte les utopies, les méprises et les fêlures infiniment inaudibles de l'âme, et ouvre à l'osmose tant désirée dans cette éternelle quête du Graal amoureux, cette indéfinissable réalisation de l'androgynie cordiale composée par une entente harmonieuse. Être deux en un, dans le mythe consacré.
Quelle noce d'aimants supporte les déceptions, mensonges et autres lâchetés, alors qu'elle se fonde sur un cortège de corps à cœurs au rire apparemment invulnérable ?

On se marie comme on part à l'aventure, pour un voyage au long cours, en espérant éviter le naufrage et que les vents nous soient cléments ; on se marie tout émerveillé d'avoir découvert l'unique au détour d'un affluent au chant d'améthyste, pour s'étonner en chœur et fertiliser l'océan de la vie. On se marie pour que croisse et jamais ne meure la flamme qui vibre en chacun de nous. Et que l'amour qui nous lie soit plus fort que les remous, plus fort que les écueils ou les avaries qui nous guettent, sans craindre que la vérité du lendemain, ou des profondeurs, engloutisse nos fragiles voiles d'azur qui se nomment Foi et tessitures de la Sagesse.

La plénitude de deux cœurs enlacés se trouve au fond d'une nuit sombre et étoilée, née dans les faubourgs de la vie, éclose à l'aurore d'un jour infini.

PYGMALION

nuées ardentes de l'amour comme des hoquets sans goût
que des sibylles ronchonnes auraient prédits du nectar
jusqu'au cou

les éphèbes sont fatigués par des lendemains essoufflés
pourtant le soleil n'est trompeur que pour qui n'ose le regarder

les korês sont désenchantées et sans grande ferveur
mais la vie est un plain-chant qui bat à tout cœur

et dès que cette statuaire à l'ego inquiet se sera épanouie
l'avenir allègrement vibrera d'une foultitude d'âmes réjouies

UTOPIE ?

Du syncrétisme des cœurs
naîtra la religion de l'amour
et par les prés et les villes
soufflera une orée d'Humanité
        lorsque la tolérance ne sera plus un vain mot
obstrué de bémols obtus

APHORISMES

Sans elle je ne suis rien.
Nos êtres sont-ils enclitiques ?
Nos âmes à claire-voie ?
Seul importe le bonheur qui nous élague.
Et l'arôme des jours qui doucement
se glisse par la lucarne du temps...
Que suis-je sans elle ?
Que serions-nous sur le cours de l'Amour
l'un sans l'autre ?
La vie est une longue interrogation.
Entre ses berges alluviales
pousse l'ajonc des cœurs heureux.
On n'étaie pas le bonheur.
Sous le cyprès au pied léger
vole la vouivre aux ailes d'ange.
L'autre est un regard qui rend les baisers démiurges et
mène la Dyade étrange aux Cieux. L'envol est entre les
mains unies loin des
afféteries.

CONVERGENCE

À ces voix surgies d'ailleurs
Montauban   Nancy   St Martial   Coulobres   Lyon   Paris
Archettes
qui ont touché mon cœur
dans la solitude de l'enfant trop vite grandi
de l'adulte comblé...

de doutes

?
Complainte d'une âme évadée
mélancolique comme la *Rêverie* de Debussy
qui berce l'espérance et blesse les meurtrissures
d'une
mémoire tendue

Échos surgis de la nuit des sens

je halète encore et encore
sur le lacis de jours infinis

                                         et grimpe à jamais pour
vivre plus fort
Être déglingué n'est pas la mort mais
y ressemble pour qui ne voit que l'abord
j'ai un souffle au corps

                                et des voix au cœur
qui m'interpellent d'ailleurs

La vie se toise
et le bonheur se tisse

                           sans fard
loin de la toile étriquée

                               de tous ces regards qui
craignent de vivre
sur le fil ténu

                  imparfait et foisonnant

                                    d'une
existence en filigrane
        de l'ordinaire
où l'allégresse
                en balbutiant de temps à autre
caracole son éphémère bout de chemin chaotique

             L'Amour toujours perce les brouillards
                     et les
                   Mystères

MÉDITATION

Dieu
        pourquoi sommes-nous si chagrin
        alors que nous avons tout dans nos
mains
        tout qui profuse à perte de vue
        tout qui nous est offert sans compter
mais
        nos pensées s'emmêlent

dans
        nos cœurs s'embrouillent

        un gémissement post-vitam
        un râle d'outre-conscience
où

        le chant de l'âme s'interpose
        pour nous ouvrir au silence

                              de   la

Métamorphose

GÉNÉREUSE

À Évelyne Trijol

À Saint-Martial sur Née d'amour
une voix au cœur de velours
tend ses mains
à ceux qui n'en ont pas
à ceux qui cheminent
à petits pas
cahin-caha sur les cahots
d'une existence sans vie
Pour nourrir leur fringale
elle éclaire l'obscure lumière
de ces cœurs lourds
de solitude et de misère
humaines
de sa tessiture de soie
qui caresse la pénombre
de ceux qui ont égaré leur foi
dans la ruelle des
incompris

pour que naisse
au fond des regards meurtris
l'étincelle des
insoumis

SI

À mes Anges

Si les Hommes parlaient aux Anges
leur esprit quitterait la fange
des soucis sans importance
et des chrysanthèmes de la violence

Ils se sentiraient moins seuls
entre les mailles de leur linceul
où grouillent les vers pervers
de regards au cœur amer

Si les Hommes écoutaient les Anges
ils voleraient sur les élytres du Gange
tissant des mosaïques de Sagesse
où les âmes ne seraient que caresses

Et la litanie des jours trop lourds
la rengaine d'une vie sans amour
fondraient sans ambages ni regrets
dans la lactescence pure de l'adret

Si les Hommes ouvraient leur cœur
ils verraient sans cesse le bonheur
des Anges éclairant leur Chemin
pour les guider Main dans la main

<div align="center">~~~~~~~~~~</div>

À François Lefort

comme
un regard d'orient
veloute le ciel
d'un trait de kohol
sous l'horizon
comme
un sein de lumière

106

lape la nuit
dans la paume de l'azur
endormie
comme
un grain de sénevé
pousse sur
un océan de solitude
incarné

j'ai appris à aimer
le désert
de l'Infini

BLUES

La vie est une plaie qui suppure
entre les traits purs de l'amour

mémento mori

n'est éternelle que la Lumière
qui perce la nuit de nos cœurs

carpe diem

susurre un bonheur entrevu
aux âmes dépourvues d'espoir

POST-SCRIPTUM

À A. de Saint-Exupéry

Le Petit Prince dort encore
sous le réverbère éteint
cinquante ans qu'il se sent orphelin
Antoine

est mort
dans un oiseau en feu

La nuit n'est plus en fête

Le poète est un facteur de l'être
chaque poème est une lettre
un regard sur l'inaudible
l'insondé peut-être même
avant de fondre dans l'Infini

Le Petit Prince dort encore
                         sous le chant des étoiles
pendant qu'une libellule libelle le jour
                                            tangos
de nos amours
on n'oblitère pas les souvenirs

on les recrée

Le cachet du cœur faisant foi
dans l'empreinte du temps
on pose nos pas   Il est des pages
qu'on n'oublie plus lorsqu'on les a
lues comme un doux rêve

IMAGO

Tous ces hommes qui traînent dans les rues leur image déchue. Les mâles sont en perdition. Leurs érections se meurent dans les aléas inassumés de la précarité. L'aura ternie, ils s'effondrent sans éclat comme des châteaux de sable. Leurs incunables, que dis-je, leurs millénaires béquilles se délitent voire se brisent sous l'implacable érosion du temps qui se meut.
Vertige des machos.
L'homme n'a de sens que dans sa vérité profonde, encore faut-il la déterrer. L'extirper des cendres moisies de l'antienne éculée du guerrier et désuète du travailleur. Les adonis, usés par le pouvoir, se sont fanés, sourds aux admonitions d'adages *ad hoc* et d'auspices prémonitoires.
Renaître plus grand ou disparaître sans gloire, c'est *ad libitum* !

PRÉSENCE

À la fenêtre du temps
seuls

sommes-nous condamnés à une solitude androgyne
voués à une quête impossible
illusoire ?
Celle de l'Autre
        de l'Unique

Miroirs
de nos espoirs
sans toi qui m'éveille
à moi-même
et à l'éternité de l'Amour
je serais peu
ou prou
vain

une jachère en friche
de sens
d'essence Verticale

À l'horizon du temps
s'impose ta présence
comme un signe d'Absolu

LIBÉRATION

N'être plus qu'un Corps de Vacuité
dans la plaine de l'Aimée
se fondre dans la paix de la Lumière
qui nous a fécondés
et méditer la roue de
L'Eternité

Janus épuré
par les courroux du temps

transcende les tourments
de l'androgynie orpheline

N'être plus qu'un Corps de Jouissance
dans les reflets du Lotus céleste
et
par le mandala de nos âmes enlacées
offrir l'Amour dévolu à toute vie
enlisée

Janus involuté
autour de la kundalini du Monde
écoute la mystérieuse musique
des mantras sublimes de l'Infini

N'être plus qu'un Corps d'Émanation
au firmament du Toujours
pour ne plus faire qu'Un
sur l'horizon intense du Tantra
qu'égrènent Sakti et Purusa
à la Clarté orientale de la Lumière d'étoiles

   du Bardo-Thödol

FENÊTRES INTIMES
1998

À Geneviève Engel,
l'inspiratrice

TENDRESSE

Derrière la façade décatie
                    aux volets perclus de mémoires
frissonne l'ombre du temps
          Tout est clos au foyer
de midi
A peine si la vie bâille sur l'Absolu

Et si nous étions nus
                    dans la fraîcheur du
              Mystère
ô porte de nos souvenirs
quelle est cette mélancolie
qui égratigne la vue
au détour d'une nostalgie impromptue
                         que savoure

        soudain
              une ferveur d'Éternité
                    ?

CAPPADOCE

Un soupirail soupire
sur la lucarne du
firmament
Les trésors de Topkapi
sont enfouis
dans l'oubli
de l'Infini
Mais que m'importent les rutilances de la vie si ton cœur ne
s'ouvre pas
sur
ma
nuit
?

CALVAIRE

Sous le crépi arthritique
de nos délabrements sentimentaux
le vent des saisons ronge
la couleur des jours

Mais l'amour ne s'encombre pas
de réminiscences démembrées
et les cœurs ne s'effritent guère
sur la margelle des yeux ouverts

Car nous trépasserons tous
dans la baie de nos corps
pour nous fondre dans l'Aurore
céleste de la verte Brocéliande

RUSTIQUE

Comme une masure dégingandée
        aux écorchures veinées
                qu'un silence trop âpre
aurait   déglingué
je sens le regard qui   s'effiloche
        lorsque
     vient l'heure
            d'Aimer

MOROSE

J'ai mal à ma fenêtre
mon regard fait des extrasystoles

l'horizon est une prison
aux charnières épuisées

que l'oiseau vient entrebâiller
pour y poser sa couvée

tandis que la pénombre râpe
des pensées immémoriales

COUVADE

Dans la matrice de nos amours
                         nos baisers éclosent
sur une coulée intime
                  hermétique aux mal-heurts
et le bonheur se conjugue
                    sous l'égide immuable
          de nos cœurs

Le Mystère décante la vie
                  comme la main
surgie de l'oubli
                          descelle les ferrures
             de l'âme
                  loin des yeux

empierrés
de soupirs

       Il fait si bon
se muer
       derrière l'écoutille de nos émois
       quand
            l'amour
               prend le large
par
   ta Joie

KALAHARI

Et si sous la lèpre des apparences
respirait la vie ?
Et si derrière un visage austère
rayonnait le bonheur ?
Il est des déserts fertiles où
prolifèrent des oasis de ferveur.

PETITE FRANCE

La lumière frise le faîte de
l'amour
par une faîtière ombrée de
joie
qu'effleure le faîtage
ému
d'un rire de bonne femme
aux
faîteaux de flamme

SÉDIMENTS

Le temps se délite
en morsures de vents

Sur la façade impassible
frémit l'embrasure ascétique
d'une pensée forgée par l'attente

Qu'attends-tu du Makalu
toi dont le regard effleure les nues ?

De tes seins coulent la Foi
des Kosi nourris aux sources du
Gange

Laisse-moi écouter le silence
d'un horizon dentelé d'Infini

pour que se fonde en mon
âme éperdue de vie des névés de
Sérénité

KATMANDOU

La sagesse est ajourée de doutes
                    comme
      le silence est éraflé de cris

Dans leur robe de safran
les bonzes prient
pour que les Soutras lient
le Jour et la Nuit

      Sur la Chair ouvragée d'Amour
                      s'entrelacent
sans bruit les effluves de la mémoire

Et fluide comme le Karnali
un Annapurna de compassion
miroite tendrement l'âme
sublimée d'un flux dharmique

MYTHE AUX MÂNES

Lorsque la Bhagavad gita
tombèrent   du Dhaulagiri
            les Voix
  d'Ajurna et de Krishna
comme
une pluie de duvets
une brassée de Foi
et le feu des cieux
dans un flot de Joie
ouvrit l'humanité
    au nirvana

ATMOSPHÈRE

Ouvre ton corps à la vie
                    que le printemps
s'engouffre dans ta peau
par les oreilles de ton cœur
et la frise froncée de tes yeux

Ouvre tes sens au bonheur
                    que la liberté
efface la colère du malheur
dans un flot rouge de passion
alors que la fleur esseulée se mue
                    en jardin

PRIÈRE

Dans la conque
de ses mains jointes
bruit le firmament
d'une saveur d'Éternité

Et par l'Ange
au rire de mésange
sur la paume de nos émois
se pose le nénuphar de Vénus

COMMÈRES

Et le vélo vola
                    vers le voilage volubile
Près d'un gribouillis débile
ils papotèrent en chœur
des heurts et des déviances
d'une époque déconfite
C'était un vélo de ville
et un voilage de grand-maman
qui déroulaient
                    en chuchotant
les embruns froissés
de la vie   un jour
de nostalgie

JAIPUR

ô palais des soupirs aimants
j'aimerais que tu sois
une Shiva Nataraja
dansant sur la brasure fervente
de mes latitudes conquises
par les semailles polyphoniques
de tes bras allégoriques

ô palais des colombes éperdues
j'aimerais être
le yang de ton yin
dans les dorures apaisantes
d'un Yoni de soie vive
à l'instant où le lotus déploie
la corolle du jour

VOYAGE

Souviens-toi du Gange
au fil des chants du silence
dans un grouillement affairé
de misère et de piété intenses
ciselées comme une dentelle
aux saveurs raffinées et belles

Souviens-toi des miroitements
mordorés de nos regards
bercés par les psalmodies
étranges qui s'écoulaient
le long des berges somnolentes
dans un flot d'effervescence colorée

ALTITUDE

Le lampadaire étendait son regard
en filigrane du temps
Les pierres ponçaient la lumière
en reflets rasants

Et par la lucarne obnubilée
de fraîcheur ombrée
l'âme s'élève vers la cime
d'un amour sans apprêt

NOSTALGIE

Sur un lit de lierre
                et de glycines

chantants
fredonnait
une source tarie
                par l'oubli
Où sont allés les pinsons
et les hirondelles d'antan ?
Seule respire encore
            la pendule de naguère
          et les souvenances de jadis
que la pénombre materne
entre les paupières mi-clos
cernées d'embrasses langoureuses

LIBERTÉ

Derrière des barreaux rongés
          de remords
moribonds d'amours décrépies
l'esprit s'évase
en rêves inconditionnels
et sur les gravats de vos a priori
essoufflés

                    souffle une aurore plurielle
Libre comme le goéland
plane l'aubade des incompris
au-dessus de doctrines
aux voilages gris
comme une liberté

                              sans vie

ÉTANG

Comme un égoïste aux sourires
de chérubin zélé
je pêche
à tous vents
les grimaces vrombissantes
du tout-venant
pendant que toi
du haut de ton Olympe
tu brises la clarté de mes baisers
en me claquant
les volets au nez !

CAFARD

Sombre la maison-sarcophage
confine l'esprit au phagocytage
                    du château
pour en faire un trou de souris
La métamorphose
n'est-elle qu'un combat
une pénitence de cloporte
au verdict sans nuance ?
Ma douce Joséphine
un jour d'été
je m'évaderai
de ma muraille de Chine
pour que le soleil dégourdisse
le tambour de mes pensées...

QUESTIONS

Aux quatre coins d'une vision
que dissimule la foison ?

Que veloute la grenadine
lorsque s'émeut la toison ?

Quel rire entend-on
derrière la verte cloison ?

Quelles larmes tais-tu
sous le couvert de l'illusion ?

lotir l'amplitude d'une vie
dans
une existence confite

pour qui
?

MAIN

Modeste comme la vie
l'amour devrait s'écouler
entre les murs diaphanes
d'une conscience épurée
de ses fades crépis

Et

par la porte qu'éclaire
toujours la lanterne
d'une âme adamantine
rentreront sans frapper
les cœurs désemparés

CARPE DIEM

Comme un clin d'œil
                    sourcilleux
posé sur l'Infini
les nuages ponctuent
                l'Horizon
                        d'une vie...

ÉTERNEL

Par ton regard de lotus éblouis
mœlleux comme un pétale d'orchidée
enfant tu réjouis
les étoiles et les sherpas
            de l'amour
Petit bonheur en floraison
sur la rambarde de la moisson
tu ouvres les fenêtres intimes
d'une Raison océane
qui fécondera l'Humanité

BIOU LA VIE !

En Nike
j'assure à pas cools
sous la lune maboule
là-bas
ils triment pour mon relou
comme des débiles
là-bas
c'est si loin mon pote
et qu'est-ce j'y peux s'ils en chient
j' suis pas la misère du monde   moi
c'est aussi dur ici
qu'est-ce tu crois
en Nike
j'assure
comme je peux
eux ils ont la réalité
nous les illusions
qu'est-ce qui est mieux ?

~~~~~~~~~~

Black blanc beur
où est le cœur
y a plus de charme
sous les platanes
y a plus d'amour
dans les placards
la jeunesse fout le camp
entre sept et soixante-dix-sept ans
même les amourettes
se font en coup de vent
y a plus de sentiment
sous les spots
y a plus de rêves
dans les starting-blocks
zappe rappe
demain est un autre jour
~~~~~~~~~~

FRIMOUSSE

Il s'ouvre, tout joyeux,
sur un papillon langoureux
qui joue avec les ombres
qu'un soleil lumineux
dessine dans la pénombre
d'un matin heureux.

Puis il gambade un peu
sur les fils soyeux
d'une araignée verte
aux grands yeux,
avant de cligner, alerte,
au bord de sa couette bleue.

Il inspire et hume l'air,
se fronce avec malice
sous la caresse claire
d'un rai de lumière
puis souffle avec délice
un bouquet de mystères.

La vie l'emplit et le réjouit
de saveurs arc-en-ciel.
Dehors, l'aurore est de miel.
L'araignée agrandit son nid
en tissant une étoile sertie
d'or et de brins de soleil.

Elle s'épanouit et s'étire
en un doux sourire
que le bonheur éblouit.
Pulpeuse et réjouie,
elle dévoile ses dents
d'un éclat charmant.

Sur le plafond blanc
l'araignée pleine d'entrain
folâtre tranquillement.

Elle a une petite faim
comme le sourire dessous
qui suit ses frou-frous.

À l'affût du moindre bruit,
elles se tendent et écoutent
la vie alentour qui s'égoutte
à l'orée de la nuit.
Mignonnes et rondes,
sous la couette elles se fondent.

Tout là-haut, l'araignée verte
s'est faufilée derrière le halo
d'un scintillant reflet alerte.
On est si bien au chaud,
bercé par tous les échos
d'une journée encore inerte.

Les mains quittent avec regret
la chaleur du lit douillet,
et se frottent les yeux de deux
doigts potelés et distraits
qui déplissent son regard bleu
d'un mouvement paresseux.

Puis se pincent le bout du nez
d'un geste énergique et délié
qui éteint la démangeaison
tout en plissant le front.
La bouche ravie émet un grand
et voluptueux bâillement.

L'araignée s'en est allé
vers son garde-manger.
« Il est l'heure », disent
deux lèvres exquises
à Lulu qui se lève avec joie
pour débarbouiller son minois.

Sa frimousse ronde,

toute rose et blonde,
couverte de taches de son,
se couvre d'eau et de savon
pour mieux se réveiller.
La vie peut commencer…

~~~~~~~~~

J'ai l'âge des rêves
mais je ne rêve pas
d'ailleurs ai-je déjà rêvé
sur les bancs d'une vie
sans peps ni foi
générations désabusées
sous des voûtes flegmatiques
mépris de la culture
et de tout principe
uniquement par principe
ou manque de conjonctures
qui mettent le cœur en joie

J'ai l'âge des rêves
mais je n'y crois pas
tout n'est que stups
et rabat-joie
tout n'est que profit
et illusion
j'ai le cynisme entre les dents
et la mélancolie entre les mots
les habits en goguette
je promène mes chaussettes
sur l'asphalte de vos parquets
pourvu que j'aie du flouze
et des parents pour m'héberger

Vivre sans se fatiguer
~~~~~~~~~

LE CHAPEAU

Au bord de la lune
trônait un chapeau,
un chapeau à plume
qui faisait le beau.
Au clair de la terre,
de son plumage de paon,
il chatouilla les étoiles
en s'amusant ;
il les chatouilla tant
qu'elles éternuèrent
sur le chapeau surpris
qui tomba, d'un coup,
dans l'océan d'en bas
où il ne fut plus qu'une île,
une île garnie
d'un palmier pimpant
qui rêvait à la lune
les jours de gros temps.

LA SIESTE

Dans la toison d'un vieux lion,
deux puces jouaient à saute-mouton.
S'éclatant comme des folles,
entre la crinière et le col,
elles sillonnaient le voisinage
en causant un de ces tapages
à ranimer d'antiques moribonds ;
ce qu'était le vétuste lion.
Hélas, il n'était pas dur de la feuille
bien qu'au bord du cercueil.
Aussi, d'un coup de patte sur le citron,
le vieux roi écrasa les deux ludions.
« On n' peut même plus mourir tranquille ! »
en bayant aux corneilles rugit-il,
avant de roupiller tout son saoul
en suçotant un gros os de gnou.

CREDO

CREDO

Mani
nous serons
Mana

au clair de la Terre
nous rirons de joies

le regard tourné vers l'aurore
loin de nos chagrins apaisés
nous goûterons l'Éternité
respirant la douce
Lumière de Dieu

près de nous
Ghab chantera
des mélodies oubliées

et au clair de la Vie
nous nous embrasserons
d'Amour irradiant.

DÉCOR

Elle s'apaisait
devant des brassées d'Arts
africains et impressionnistes
la tête penchée
sur les formes simples et pures
sur les couleurs pures et simples
habitées de symboles cryptomnésiques

la bouche s'effilait un peu
tirée par un brin d'amertume
tandis que je la désirais
perdu dans sa souffrance
et la musique de Ludwig

depuis huit jours
amazone indolente
elle m'expectorait

mes miasmes époumonés

le soleil déclinait sur les toits
elle s'apaisait
à chaque page
une quiétude caressait ses yeux
tandis que la symphonie
s'échevelait en apothéose
parfumant l'espace d'une joie
divine
et un peu mélancolique

comme nos âmes opprimées
que le temps révolu hantait
pour mieux les éclairer
sur le chemin du Bonheur
partagé...

Je la désirais d'Amour.

CORDE

Mon soleil chavire
comme une corde tissée entre les étoiles
son corps chaud et fragile
a hissé mon émoi au seuil de l'indicible
mon soleil s'étonne
de ce corps qui l'interroge
et s'agrippe à cette corde surgie des étoiles
comme le spleen qui le berce
et le nourrit d'une allégresse
fruitée d'espoir
contre son corps spatial éclos à la douleur
d'être
volupté et souffrance troublantes et oppressées
telle une corde tendue entre mon soleil et son amour
ce matin j'ai vu deux étoiles brillées
sur l'azur...

PRIÈRES

Mots simples et maladroits
qui s'élèvent dans la paix de la nuit
éclats de rire ou larmes de désarroi
relents de colère ou feux d'amour
perlés d'un cœur apprivoisé
par l'onde crépusculaire
qu'ils réchauffent de leur flamme improvisée
Poème inspiré surgit
du corps du cœur
de l'esprit et de l'âme
pour s'épanouir par vagues
sur une feuille qu'ébahit
cette étrange cantate
légère ou déchirée
Refrain qui s'échappe joyeux
de ses lèvres écarlates d'amour
comme des volutes d'allégresses
qui caressent jusqu'aux recoins de la maison
et appellent nos âmes ravies
à partager une valse intemporelle
dans le lit émancipé de la vie.

PIERRES

Comme des pierres qui lesteraient mon âme
il est des temps qui me hantent
dissonance douloureuse
éclopant l'harmonie des cœurs
où le présent vilipende un passé suranné
je pleure je rage
en vain en vrac
les pierres m'engloutissent dans un tumulte de mots insanes
vers un lit de pierres précieuses
où m'attend rayonnant
un saphir
voluptueux et charnel
comme la vie

au regard azur profond
comme l'amour
qui nous berce à la source
du Bonheur…
où l'Éternité est
une pierre légère et
radieuse.

REPRISE

J'aurais voulu repriser le temps
mais le temps ne se reprise pas
j'ai donc caressé les acrostiches
dans le ciel de mon âme endolorie
léchant nos blessures au détour
d'allégories verbales puisées
à la source d'un esprit gourmet
J'aurais voulu repriser mon corps
mais un corps ne se reprise pas
j'ai donc épousseté ma blessure
pour rire le ciel d'une vie
suspendue à l'éphémère mouvance
des jours engourdis par une peine
frigide et dérisoire comme l'ennui
J'aurais voulu repriser le désir
mais le désir ne se reprise pas
il se vit du bout du cœur et
de l'âme comme une mélodie
fredonnée par des émois d'amour
qui perlent de nos yeux enlacés
de nos corps épris sans emphase
Finalement je ne reprise plus
j'ai appris à aimer à vibrer
à l'unisson du temps que le corps désire d'amour…
et j'aime.

MARIE

Sa Grâce habite les cœurs
et les corps de femmes
généreuses et belles
qui enfantent l'Amour
comme d'autres enfantent des vers

les jours de solitude
je caresse son regard
comme Joseph le fit
un soir d'Aurore Naissante
et d'âmes en liesse

les nuits de fades souffrances
de vieilles rancœurs je sens
soudain en moi un baume
de Paix Maternelle
venu du Sol de Vénus

et doucement pour ne pas l'éveiller
je m'approche de ma douce âme sœur
mon soleil de novembre
mon volcan d'espérances
l'esprit apaisé l'Amour en fête
pour blottir ma tendresse contre son sein
et l'envelopper de "je t'aime" allègres.

AIMER

Aimer
la course du soleil
comme un éternel recommencement
qui se désagrègera un jour
pour s'ouvrir sur un au-delà
de l'espace-temps

Aimer
le chant de la terre

qui bruisse à nos sens
comme un psaume d'amour
au seuil du bonheur humain
le temps d'un espace transitoire

Aimer
à l'aurore de nos cœurs ouverts
de nos esprits épanouis
sur le limpide lit éclos
de nos corps embrassés
dans l'espace d'un temps réfréné

Aimer
comme nous respirons Dieu
au fond des yeux de notre aimée
pour faseyer à l'unisson
à l'horizon d'un temps sans espace :
"J'aime d'Amour".

MAIRE

Lorsqu'Elle jeta son écharpe
pour habiller sa nudité
de la blancheur de Marie
Nous nous mîmes à l'aimer
d'un amour jamais appris
d'un désir jamais connu
éprouvant une joie divine
un désir étonné et subtil
loin des cœurs circonspects
des ecchymoses de l'esprit
dans le sillage de nos corps gigognes
qu'enlacent le yin et le yang
sur le lit translucide d'un bonheur humain
qui dessille nos âmes sous le ciel d'octobre
lorsque Nos regards se marient…

RIDES

Comme des ronds dans l'eau
nos rides caresseront les rivages du temps
soulignant chacun de nos sourires
d'un éclat d'amour heureux

et le soir dans le lit de cairos[1]
elles s'embrasseront pour nous unir
épuisés et sereins
dans le silence des cœurs joyeux
où l'osmose est une flamme
lumineuse et pure
nourrie par une Sagesse Divine.

DIRES

Dire la vie
qui chante au gré des bois
danse au bord de l'eau
pleure des cheveux flamboyants
et s'interroge sous un duvet de neige…

Dire l'être
qui funambule entre terre et ciel
entre Source et marais
dans un conciliabule de cœurs
inspirés par une baie de chair
bercent les voiles de nos sens
sous la caresse de nos yeux

Dire le bonheur
qui s'épanouit au soleil
des jours qui cheminent
de l'aube des doutes à l'aurore des cœurs
des regards éteints aux sourires de Lumière

---

[1] Chez les grecs cairos consiste à prendre part au temps, ce qui revient à vivre dans l'instant présent dans lequel passé et futur n'existent pas.

et dans une prière heureuse
offrir à Dieu
un amour en devenir
Éternel.

Dire l'enfant
aux rires gourmands et généreux
comme des ricochets d'amour
aux regards pétillants aux larmes dépitées
qui interpellent nos silences confits
pour nous chuchoter la vie

Dire la Foi
qui se glisse patiente
tendre et sereine certitude
par-delà le chaos des maux
dans le profond silence de nos cœurs
pour éclairer la voie
incertaine de nos esprits
en mal de mots nébuleux
et s'immerger radieuse dans
l'Onde Lumineuse
qui nous engendre
d'Amour.

DÉSIR

De toi
mon soleil de novembre
fusion boréale
dans un lit de chair tendre où
l'osmose chavire un ego nodal
sur la houle pétrie de l'extase
en une osmose
jamais apprise
comme le soleil et la lune
sur un champ d'étoiles
un jour d'éclipse radieuse

                                        Désir

                    d'Amour
en phase d'arpèges allègres
en clé de soi
que la gamme de nos cœurs
compose en symphonie d'âmes
sur la portée majeure des jours
éclairés par le Mystère Profond
d'une Vie initiée
avant d'atteindre paisible
le Chœur Suprême et Lumineux
dans l'espace infini d'un

                                        Désir

            DIVIN

BINE

Biner dans ma tête
mon jardin intérieur
briser ses mottes glaiseuses
qui alourdissent mon cœur
libérer mon esprit
de ses âcres souvenirs
ses fades haleines
qui frichent mes jours
suppurent entre mes tempes
et pulsent mon âme
souffrance intangible
et pourtant si vitale
qu'entre deux bourrasques
inlassable je bine mon être
afin que fleurisse
au clair de l'amour
mon jardin intérieur
sur l'horizon Divin.

BIEN

Que certains maux semblent petits
inscrits dans la souffrance
de tous ces corps éplorés
ces ventres vides
ces cœurs désorientés
ces silences qui hurlent
sans le savoir
leur faim de Toi
leur soif de Lumière
Est-ce l'aube qui s'estompe
peu à peu au creux de moi ?
L'aurore qui point ?
Bien des étoiles sont nées
tant de cœurs se sont tus
qui ont nourri mon âme
d'émois et de songes tendres
ou douloureux et initié
aux joies et aux larmes
gorgées d'une vie qui nous habitent
parfois jusqu'à l'obsession
avant de nous fertiliser
dans une osmose heureuse.
Est-ce l'aube qui s'estompe
du fond de moi ?
L'aurore qui point ?
Bien des jours d'impatiences
tant de nuits d'amour déçu
et maintenant que ton cœur
m'enlace que ton corps
me réchauffe que tes sens
m'adoptent des vies
me chahutent me taraudent
pour m'ouvrir à l'Amour
et à Dieu
Est-ce l'aube qui s'estompe ?
Du chant de moi
l'aurore point…

BÉNI

À Benoît ...

Le cœur tonitruant,
l'esprit indécis et
l'âme généreuse,
tu pétris la vie et le temps
dans la quiétude douloureuse de ton Être,
simple et secret,
que déchire une souffrance innée :
venue d'une époque où Fils de Lion
tu déliais les âmes.
Béni
j'aime ton regard,
de Doux Panseur malhabile,
lorsque brillent à tes lèvres
des larmes de whisky-coca.
J'aime tes mains
qui chantent la vie d'une Liane éprise
et composent des bonheurs
avec des ingrédients étonnés
ou des meubles déconfits
Dans le silence de ta quête
j'entends l'amour
qui s'épanouit…

DES SEINS

Dyade veloutée
et mutine
sertie sur son poème intime
comme un bouquet radieux
au flanc d'une falaise élancée
par des vagues folâtres
qui l'encensent du regard
Bonheur mœlleux
douce tendresse
que j'effleure d'amour

sous un chant de lumière
une sonate nocturne
de mes lèvres muettes
Gourmet délice
de Vénus boréale
ses seins tintinnabulent
au seuil de mon désir
délicats comme la vie
corolles de pâquerettes
cueillies dans le pré
de nos jours veloutés…

DESSEINS

Quels sont ces desseins discrets
que le destin divin voue
â une âme éprise
de vie
éternelle ?
Lumière imperceptible
qui filtre jour après jour
par les lucarnes de l'esprit
les persiennes du cœur
pour caresser le désir
d'Entre
d'une Plénitude radieuse
qui vit d'amour
éternellement.

DESSINES

Dessiner une femme
en habit d'aurore
à l'orée de l'amour
qui flamboie le désir
comme le soleil l'horizon

Dessiner son rire

ses yeux en perles de nuit
sa délicate plénitude de satin rose
ses mains fluides et évanescentes
ses lèvres qui esquissent l'Infini…

Poèmes dessinés
en flammes tendres.
Mots colorés
d'une Foi d'ambre.

Dessiner un enfant
au rire qui éclabousse
le cœur ébloui l'âme
transportée d'amour
frais et malicieux

Dessiner ses yeux
vergers débonnaires
où foisonnent une vie
délicieusement âpre
bulles d'imprévus…

Amour dessiné
en flammes tendres.
Âmes colorées
d'un Bonheur d'ambre.

Dessiner Dieu
d'une parole ample
d'un Amour Lumineux
d'un regard humble
d'un silence apaisé

Dessiner sa Lumière
en myriades d'étoiles
en jours d'espérances
en feux de joies simples
en âmes qui chantent…

REINS

La houle hardie
de vagues profondes
en vagues fluides
effeuille l'écume soyeuse
d'une liesse limpide
qui s'épanouit sur l'éphémère
crête d'un jardin nu
où l'osmose s'émerveille
d'un chant d'étoiles
dans un silence
fougueux qui frémit
à la mouvance radieuse
d'une latitude satinée…

RIENS

Entendre susurrer des Voix
intérieures Simples et Pures
un rire malicieux qui inspire la Joie
et prier Dieu de tant de Bonheur
fait de petits riens Limpides
pareils à une douce Lumière qui vit
en moi de toute sa Plénitude
humble et initiatrice
d'Amour et de Spiritualité.
La solitude s'en est allée
dans un battement d'ailes
essaimant une tendre certitude
dans mon esprit épanoui
par la Révélation de l'aurore
absolue et paisible
comme notre amour
mon doux soleil de novembre
surgi de la tourmente
pour me désaltérer
de petits riens.

SERIN

La vie est un Mystère…
Un serin sur une balançoire
regardait une araignée
tisser son fil d'or
au firmament de l'amour
un arbre serein frissonna
sous la lumière diaphane
d'une aurore nubile
Sur sa plus haute branche
l'oiseau chantait
dans son plumage
aux reflets de soleil
que la rosée irisait
Et sur l'herbe tendre deux
corps enlacés dormaient…
La vie est un Mystère
que seuls caressent les rêves.

TÉTIN

Deux boutons de rose
ce matin ont éclos
au soleil de mes yeux
égayés par cette pâle
lumière ronde et menue
surgie d'un lit de feuilles
chamarrées et douillettes
que la nuit avait froissées
de nos sommeils entrelacés
Dans le lagon bleu
de tes iris savoureux
j'ai surpris une lueur
d'aurore amusée
et tendrement j'ai écouté
deux boutons de rose…
me parler

TEINT

Femme au teint de lait
pâle et exquise
ta voix carillonne
à mon âme
telle une mélodie
frêle et colorée
qui irise mon cœur
d'une joie éprouvée.

Ciel au teint d'hélianthe
espace au teint de vie
dans le bleu de tes yeux
j'ai appris l'amour
dans l'éclat de ton cœur
j'ai senti le bonheur
des anges briller
au firmament Divin
telle une ode vitale
et dans un élan inspiré
j'ai imploré la sagesse
de Mavi.

TINTE

Écouter au fond de soi
chanter les étoiles
pour que naisse à l'aurore
un autre moi-même
le chant mélodieux
d'une harmonie divine
qui m'habille l'esprit
d'un ondoiement joyeux…

Entendre autour de nous
jaillir le rire des enfants
bouquet de fleurs limpides
qui parfume le cœur et l'âme

dans un éclat de soleil radieux
effaçant la morosité
par une envolée de roses…

Voir près de moi
s'épanouir l'amour
onde de cristal
qui éclaire nos regards
d'une allégresse fluide
pareille au pré fleuri
où s'uniront nos âmes.

ODE

À Cell Viassa et à Marie

Mon cœur mon souffle
au seuil du Passage
ont repris espoir
soutenus par la Force
de ton esprit heureux
de me conduire vers
l'Amour
qui mûrit mes mots
au fil de vers débordants
et maladroits mais sincères
où la vie s'épanouit
grâce à une Âme éclairée
qui me nourrit
de sa Joie.

DEO

Je suis heureux comme un enfant qui vient de naître
un jour d'Amour grand et beau
pareil à la Lumière qui l'habite et le vit
Gloria in excelsis
être un papillon aux ailes mauves et jaunes

qui danse autour du Père
une arabesque inspirée sur les pages blanches
de livres en devenir que ma Foi m'inspire
in excelsis Deo
à l'heure où le ciel chante dans un chœur d'étoiles
une main frappe à la porte de la Joie pour nous Dire
son Bonheur et caresser nos cœurs
dans une Allégresse Divine
éclairée par mes **racines** retrouvées
Gloria in excelsis Deo
et *in terra Pax hominibus bone voluntatis*
laudamus te
benedicimus te
adoramus te

ÉCLATS

Enfants de ma voie
mon amour se délecte
de vos éclats de joie
spontanés comme la vie
qui s'affranchit des
emprises malignes
dans un éclat de bonheur
facétieux et libre
comme ce papillon
aux ailes cordiales
qui sort de sa chrysalide
dans d'ultimes convulsions
pour rejoindre la lumière
d'un Soleil à l'éclat paisible...

LACETS

La vie est un long lacet
qui chemine par les monts
de l'esprit au fil d'un temps
qui gravite autour de l'amour

Chaque pas est une prière virtuelle où
se dénouent les lacets blêmes
de nos rebuffades stériles
nos silences frileux face
à la claire évidence…

Sur la vitre diaprée
par un soleil hivernal
tu te reflétais
paisible
sous un ciel épanoui
caressant Ouros
de tes doigts limpides
comme la lumière
sur sa toison
grise.

LACTÉS

À un Frère

Dormir dans les plaines célestes
paisible et heureux
auprès d'un frère d'âme
tendre et espiègle
plonger au petit matin
dans une voie lactée
où les requins n'ont plus de dents
se glisser dans l'harmonie astrale
en lentes brassées ludiques
et rejoindre Aldébaran sublime
souveraine qui engendre la plénitude
vibrer aux remous d'Antarès
avec un sentiment absolu d'éclosion
ou s'envoler vers Déneb la bleue
pour y méditer la Sagesse
avant de me reposer
au pied de l'arbre de vie
régénéré par l'aura de Lumière

d'une Mère qui sème l'Amour
d'un sourire radieux d'une main généreuse
et regagner le lit des jours
plein d'un bonheur lacté
qu'épanouit un rire divin
qui émerveille les cieux et
ma joie.

CHARME

Le chant printanier
d'un matin d'été
aux reflets d'automne
flamboyant et frais
a effacé l'hiver de nos esprits engourdis
d'un trait d'amour
Saisons d'une vie à deux
qui s'écrit jour après
jour au fil du Désir
d'Entre
un jour de décembre lumineux
au coin de nos corps éveillés
par la Lumière Infinie
qui déplisse nos cœurs épris
d'un élan que nos sens caressent
sous le charme joyeux
d'une osmose étonnée
à l'orée d'un sanglot
né du bonheur
d'aimer.

MÂCHER

Mâcher ses maux
les réduire en boulettes
de papier mâché
qu'on brûle un jour
de fête

au feu de l'amour
offrant nos cendres au vent
de la vie qui va sur l'embrun
séduit de regards éclos
dans un silence heureux
que nos lèvres charment
d'une tendresse à fleur de peau
Éclipse du temps que mâche le désir
de s'offrir un plaisir éphémère
et lumineux
cueilli au gré de nos corps
comme un bouquet extasié par le don de soi…

MARCHE

M'attendrir sur un minuscule cheval à bascule gris-argent
plein de la tendresse ludique
de deux cœurs simples et beaux
comme les chevaux qui caracolent sous leurs fenêtres
dans une liberté enclose !

Une à une
gravir les marches de la vie
pour atteindre le zénith de l'amour
qui germe dans l'ode d'une Lumière fraternelle.

Et marcher gorgé de Joie
le Bonheur au fond des yeux
et le plaisir qui danse un désir d'Entre
en filigrane de l'Amour
avant de nous élever dans la Confrérie des Frères d'Âmes.

LANGUES

Langue rugueuse
râpe les oreilles
agresse et réprime
des enfants déconfits

par cette violence autochtone
immature et déchirée
Langue dépressive
gerbe d'impatience
un philtre fielleux
de rancune et de désespoir
oppressés par un esprit
contrit et frileux.
Langue véloce
dérape en une logorrhée
maligne et vaine
qui encense à l'avenant
le tout-venant et
enroue mes maux.
Langue complice
caresse la vie
d'enfants qui mûrissent
au fil de jours d'amour
délicieusement frais
que nos regards conjuguent.
Langue mutine
câline la tendresse
aux creux d'un temps
qui éveille le charme
d'un bonheur fleuri au sein
de nos cœurs épris.
Langue attentionnée
écoute les esprits garés
dans une solitude éplorée
qui cherche du bout des yeux
un brin de clarté joyeuse
pour l'enlacer.

Tant de langues
trop de langues
s'émeuvent
dans ma bouche babélienne
nouant et dénouant
des sentiments obscurs…

Apprendre le Silence
pour comprendre l'Entre
et devenir Soi
dans une langue d'amour
unique et pluraliste.

ANGELUS

Posons la houx
contre la brouette pansue
Amour élevons une prière
dans le champ meurtri
de nos jours en devenir
sous les reflets du couchant

les clameurs se sont tues
entends-tu le silence
qui nous presse
de nous ouvrir
à la vie

dans nos corps enroués
nos esprits éreintés
nos âmes assoiffées
d'amour ardent
s'éveillent un angélus d'humilité

viens il est temps
de nous mettre en chemin
corps et âmes déliés
sur la Voie d'un Bonheur nourri
par la Vérité pure
de la Lumière Infinie.

LAGUNES

Assis
au bord de ta paupière
je regarde
le bleu intense
d'une lagune claire
qui me contemple amusée
et de cet œil réjoui
je plonge
ravi dans la plénitude de
mes rêves irradiés…

Couché
sur un lit de lèvres roses
j'écoute
le silence carné
sur une lagune laiteuse
où se reflète mes désirs
de simples complétudes
et de cet ample pré
de fleurs écloses
j'entends
monter l'éclat cambré de
ton rire généreux…

Debout
sur l'horizon infini de Déneb
j'invoque
la Joie impérissable
de cette Lagune méconnue
qui caresse ma vie
d'une aurore sans pareille et
je prie
maladroit mais heureux
notre Père Lumineux…

À genoux
sur l'étendue boréale du temps
je respire

le vide majestueux
d'une lagune intérieure
qui frémit à ton amour
et au flux de Sa Lumière que
j'évoque
avec la tendresse de l'amant éperdu
et de l'enfant reconnaissant…

SEREIN

Soleil de printemps
exaltation éphémère
pétille d'un vase gris
sur l'écho maussade de la pluie …
Mon regard va d'amble
des phosphènes irritent sa rétine
sous l'horizon en attente
la lune effile sa résille
et sur le fil de ma pensée
ma raison chavire
Le lait de ta chair
éclaire mes blessures …
Trois lys jaune-orangé
dardent leurs yeux carmin
vers nos corps étreints
sur un lit de regards…

REINES

Sensuel mitan
à l'amplitude
magenta joufflu
allant de rondeurs drues
en élan de lunes festives
qui fredonnent des ritournelles
aux allures généreuses
à mon regard pulpeux
qui dessine l'amont

d'un cœur en mouvance
sous des doigts égayés
par tant de plénitude
voilée sous l'emphase nue
d'écorces impudiques.

SIRÈNES

Dans la brume dégingandée
d'un corps morose
des sirènes stridulent
un désir oblitéré
à mes sens éveillés par
tes yeux en guinguette
et les mal-mots jaillissent
de ma bouche engoncée
en ce chant excédant
Sur la grève
ma muse m'attend
dans son éclat primal
d'âme fraîchement éclose
Je caresserai son cœur
entre ses seins radieux
puis je déviderai le verbe
de son ode déployée…
l'amour coule de ses lèvres.

DRUE

Elle est drue
sous le clair-obscur
d'un faisceau blafard
et fluet qui modèle
son corps de grès rose
au gré de la mouvance onctueuse
de sa chair pulpeuse et fanal
Dans le manteau de la nuit
seuls ses yeux gardent leur éclat bleu

160

ses formes pleines distillent les mystères de la lune
sous un touffu halo de crépuscule
tout en elle m'interroge
m'interpelle
elle est drue.

RUDE

À Ghana et Mugabi

Rude écho de nos silences
sur la berge violacée de nos soupirs
s'émancipent des baisers réfrénés
Dans la brousse de nos souvenirs oubliés
s'élève le son du tam-tam
sur un bat-flanc une femme
proclame son désir rieur
à l'homme qui l'émeut
de ses lèvres florales
Et dans les limites de nos corps en flamme
nourris par un coin de passé
nos amnésiques connivences
s'exclament sur les flots du devenir
et dans un sanglot spontané
soudain s'élève l'ample horizon
d'une passion éternelle…
Cosmique connivence.

DURE

À Liane, l'inspiratrice de ces trois anagrammes.

Rude saison pour les topinambours
les primevères sont en verve…
Dense journée pour nos âmes en fleurs
sur le lit de nos cœurs
s'élève l'aurore d'un amour serein
et sur la gerbe sensible

de nos corps mûrs
le nid du crépuscule exprime
un sanglot d'extase pubère…
Les primevères sont en verve
les champs ne sont point en fête
dure saison pour les topinambours.

MISÈRE

Misère d'atouts… têtes
les mots s'embrouillent
les cœurs se désolent
devant cette déréliction
naturelle
corps affaissés dans nid fuchsia
corps affalés sur fleur raplapla
nos esprits souffrent
d'être mal-entendants
du désir
d'être
tout simplement.

MERISE

Chair de merise
pulpe d'amour
le bois de ton âme
exhale le bonheur.
Chair de merise
dans le feuillage de tes bras
j'enlace mes désirs écorcés de toi
et sur la synchronie de tes sens
j'effleure une certaine transcendance.
Pulpe d'amour
la saveur de ton cœur
a des horizons inespérés
où s'émancipent mes mots
en mal de certitude.

Couleur passion
t'aimer est un privilège
que le temps n'altère en rien
nourrissant mon regard
de jours intarissable…

Auprès de toi
chair de merise
pulpe d'amour
couleur passion

émanation sylphide
de Dieu.

RIMÉES

Les voix rimées de nos âmes
récitent l'amour
espéré sur le parvis du temple
de Vénus
tandis que Dvorak exhale
de son requiem la vertu
des cœurs déplissés
par la Vie
sur la vague mélodieuse
de chœurs enflammés
mûrit le désir impromptu
de t'Aimer.

VALSE

La valse des mots
ritournelle dans ma tête
repue d'amours étourdies
qui solfègent l'imprévu
sur la toile étoilée
de nos aurores imparfaites
que consomme la valse du temps

Viens élaguons les maux qui nous tètent
sur l'onde perlée
de nos corps affectifs
à l'heure où nos lèvres se guettent
sous l'horizon déployé
d'une valse née
au soleil de la nuit.

SALVE

Entends-tu
cette salve
qui frémit
en nos cœurs
c'est l'ample
symphonie
du bonheur
qui salue
l'effervescente
allégresse
de nos vœux
enchevêtrés
nos corps
désinvoltes
nos âmes
emmitouflées
et nos prières
expansives
Sur la vague
rétive des
jours pleins
j'entends
la salve de
l'amour
qui vit.

AVE

Amour pulsion
nostalgie
tendresse ivresse
rêverie
romantique
musique slave
au creux de mon esprit spleen
lorsque mes lèvres frissonnent
sur la savoureuse plénitude
de tes poèmes cambrés
une complainte apprise
aux effusions du tam-tam
à l'heure où le bouton de rose
s'efface…
Tristesse vodka
ballade cyrillique…
Douce orientale
mystérieuse volupté
laisse moi boire
à la source de tes étés
dans l'horizon intime de tes bras
là où j'ai pansé mes hivers
sur l'onde printanière du désir
lorsque nos sens fécondent
l'amour pluriel et singulier
en une prière unique
qu'initie le temps fertile
de l'épreuve…

PALME

Sous le palmier dégarni
de mes pensées moroses
grouillent des reliquats
d'obscures velléités qui
m'indisposent
l'âme et l'esprit

en mal d'aurore
transcendée
Par ce corps que j'ai tant rimé
fluide et palpitant à l'orée d'un
jour ou d'une nuit dénudés le
pas guilleret d'où source un
désir effarouché à l'appel
de l'été que l'amour vient
transcender
en ce cœur unanime
que mon âme balbutie
éperdue par la caresse
d'une tendresse conquise
qui déplisse l'essence de
mon être tel une prière
transcendée
Par l'horizon translucide
d'une éternité révélée à
la lisière de cette plénitude
que nos cœurs appellent
d'une voix ciselée au feu
l'Infinie Vérité.

LAMPE

Sous le faisceau rugueux
d'une lampe impavide
mes pensées barbouillées
par une oppressante césure
se désolaient :
Père je ne suis qu'humain
sous le ciel de mes élans telluriques
et sous l'arc-en-ciel de ton Regard
je cherche le sentier d'un horizon bleu
où je pourrai laver la brume de mes yeux
et semer le levain de mon cœur.
Douce latitude
timbre de mon âme
dans le sillage de tes Arpèges généreux
j'aimerais toucher du doigt la vérité

d'une vie celle que j'ai vécue et vivrai
à jamais près du sens de mes jours
dans l'ample clairière qui habille notre amour.
Sous le faisceau élégant
d'une lampe pudique
la spirale déployée de nos sillons
vertige l'osmose récréée de
la métamorphose :
Mère dans l'onde impétueuse
du temps mes mots s'interrogent
j'aspire tant à la glaise rose de ce saule
féminin qui danse l'apothéose au bord
de mes mains à l'heure où la nuit
estompe le dos bleu d'une inconnue…

Toi qui fus femme aux jours de
Gloire où l'Amour fut crucifié
apprends-moi la sérénité de l'accompli.

AMPLE

Ample plénitude
nos corps se parlent
nos âmes s'entendent
sous l'ondoyante clarté
d'une lumière timide
qui dessine nos voix
et décrypte nos sens
en baisers de santal
et caresses éblouies
Douce volupté enchâssée
dans les ombres soyeuses de la nuit
à l'instant où le désir se lisse
en volutes sensuelles
qui tissent les subtiles senteurs
d'alacrités mutines
sur une extase câline
où l'onde entrelacée
de nos joies palpite
sur d'amples vertiges.

REPU

À Liane, l'inspiratrice de ce poème.

Sur la rive ivre
vire amer un émir
sans rime.
Et sur la mare
se mire une rame
à la dérive.
Évide la peur
dans le sérac repu
d'une perle pure
où la valse sacre
la prêle des races
et l'Amitié sans trêve
dans une salve
slave vidée
de sa lèpre
déviée…

Bibliographie

Autobiographie
À contre-courant, 1e édition, Desclée de Brouwer, 1999. 2e éditions, Worms, Le Troubadour, 2005 (épuisé).
En dépit du bon sens : autobiographie d'un têtard à tuba, préface ONFRAY M., Noisy-sur École, L'Éveil Citoyen, 2015 (épuisé)

Poésie
Toi Émoi, Worms, Le Troubadour, 2004
Corps accord sur l'écume Worms, Le Troubadour, 2010
Ikebana effervescent, Worms, Le Troubadour, 2012
Le jeune homme et la mort, Worms, Le Troubadour, 2016
Les chemins d'Euterpe, Éditions MN, 2018
Divins horizons, Éditions MN, 2020
Femmes libertés, Éditions MN, 2021
Allègres mélancolies, Éditions MN, 2021
Les foudres d'Éros, Éditions MN, 2019
Sérénité, Éditions MN, 2019
L'existentialisme précaire d'un têtard pensant, Marcel Nuss, 2018
Chroniques poétiques, Éditions MN, 2021
Le quotidien des jours qui passent, Éditions MN, 2020
Aveux de faiblesses, Éditions MN, 2022
Récoltes verticales, 1999-2002, Éditions MN, 2022
Élégie sans lendemain, 2002-2008, Éditions MN, 2022
Femmes libertés, 2011-2013, Éditions MN, 2022
Les runes de l'amour, 2011-2012, Éditions MN, 2022
Allègres mélancolies, 2013-2016, Éditions MN, 2022
Les foudres d'Eros, 2015-2016, Éditions MN, 2022
Sérénités, 2017, Éditions MN, 2022

L'existentialisme précaire d'un têtard pensant, 2018-2019, Éditions MN, 2022
Chronique poétique, 2020, Éditions MN, 2022
Le quotidien des jours qui passent, 2021, Éditions MN, 2022
Requiem ensoleillé, 2022-2023, Éditions MN, 2022

Essais

La présence à l'autre : Accompagner les personnes en situation de dépendance, 3ᵉ édition 2011, 2ᵉ édition 2008, 1ᵉ édition 2005, Paris, Dunod.
Former à l'accompagnement des personnes handicapées, éditions Dunod, 2007 (épuisé).
Oser accompagner avec empathie, préface COMTE-SPONVILLE A., Paris, Dunod, 2016
Je veux faire l'amour, Paris, Autrement, 1ᵉʳᵉ édition 2012, Éditions MN, 2ᵉ édition 2019.
Je ne suis pas une apparence, préface ANCET P., postface COMTE-SPONVILLE A., Éditions MN, 2022

Romans érotiques

Libertinage à Bel Amour, Noisy-sur-École, Tabou Éditions, 2014 (épuisé)
Les libertines, Paris, Chapitre.com, 2017 (épuisé)
Le crépuscule d'une libertine, Paris, Chapitre.com, 2018 (épuisé)

Réédition en version originale :

La trilogie d'Héloïse, Autoédition MN, 2021
    1 Con joint
    2 Con sidéré
    3 Con sensuel

Nouvelles

Cœurs de femmes, Paris, Éditions du Panthéon, 2020
Ruptures, Paris, Éditions MN, 2023
Incarnations lascives, Éditions MN, 2021

Sous le pseudonyme de Mani Sarva
Horizons Ardents, Paris, Éditions Saint-Germain-des-Prés, 1990 (épuisé).
Divine Nature, prix de la ville de Colmar 1992, Éditions ACM, 1993 (épuisé).
Le cœur de la différence, préface JACQUARD A., Paris, L'Harmattan, 1997

Essais en collaboration avec :
COHIER-RAHBAN V. *L'identité de la personne « handicapée »*, Paris, Dunod, 2011
ANCET P. *Dialogue sur le handicap et l'altérité : ressemblance dans la différence*, Paris, Dunod, 2012

Essais dirigés par l'auteur
Handicaps et sexualités : le livre blanc, Paris, Dunod, 2008
Handicaps et accompagnement à la vie sensuelle et/ou sexuelle : plaidoyer en faveur d'une liberté !, Lyon, Chronique Sociale, 2017